Ach, wär ich doch daheim geblieben!

Liebe Mutti!

Auf daß Ihr noch viel Spaß und Freude am „allein verreisen" haben werdet!

Eure Sabine
Norbert
Juliane
Sebastian.

Homberg, den 11.12.95

Trude Egger

Ach, wär ich doch daheim geblieben!

Heitere Reiseerlebnisse

Scherz

Meinen treuen Reisegefährten gewidmet,
insbesondere Gisela, Helga, Elfi und «Alex».
Herbert zur Erinnerung.
Meinem Schutzengel in Dankbarkeit.

Erste Auflage 1994

Schutzumschlag unter Verwendung
einer Zeichnung von
Tilman Michalski

Inhalt

Sollte sich der eine oder andere geschätzte Leser nach der Lektüre meiner aus dem Leben gegriffenen Reiseberichte entschließen, seinen nächsten Urlaub lieber in der Sicherheit und Gemütlichkeit des eigenen Heims zu verbringen, und so einen wertvollen Beitrag zur Bewältigung von Massentourismus und dessen bedauerlichen Folgen leisten, dann wurde dieses Buch nicht gänzlich umsonst geschrieben.

Erst muß man mal abfahren

«Ich sag dir was...» sagte ich zu meiner Freundin Hanna und ließ mich in ihrer Küche auf die Eckbank plumpsen. Es war März und der Wetterbericht katastrophal.

Meine Freundin sah kurz von ihrem Strickzeug auf, warf mir einen prüfenden Blick zu und nickte. «Wenn du nicht in den nächsten zwei Wochen irgendwohin in den Süden fährst, wirst du verrückt.»

«Genau», sagte ich verblüfft. «Wieso weißt du das?»

«Es ist jedes Jahr um die Zeit dasselbe. Du solltest stricken. Das beruhigt die Nerven.»

Blödsinn. Ich will nicht stricken. Ich will weg von hier, sonst nichts. Dorthin, wo die Sonne scheint und die Leute lachen und mir nicht an jeder Ecke jemand erzählt, welche Krankheiten er im Winter ausgebrütet hat.

Zum Beispiel nach Griechenland.

Ich war noch nie in Griechenland.

Alles, was ich jetzt noch zu tun hatte, war, zwanzig Kilo Zeug aus diversen Schränken zu zerren und in meinen Globetrotterrucksack zu stopfen.

Wenn die Packerei nicht wäre, ich wäre noch viel öfter unterwegs. Ich mache halt immer wieder den Fehler, sie bis zum letzten Moment aufzuschieben. Aber diesmal nicht. O nein. Nicht diesmal.

Entschlossen trat ich an den Kleiderschrank, warf einen scharfen Blick auf dessen Inhalt, einen zweiten auf das Buch, das zufällig aufgeschlagen auf dem Sofa daneben lag und sah erst wieder auf, als ich das Wort ENDE las.

Zum Kuckuck, es ist schon wieder passiert.

Warum können andere Leute an ihren Schrank gehen und kaltblütig auswählen, was sie die nächsten zwei Wochen in ihrem Urlaubskaff brauchen, und warum kann ich das nicht? Warum kann ich nicht sein wie Elsa Tüchtig, die mir ständig aufs Brot schmiert, sie hätte zehn Tage vor Urlaubsantritt alles in hübschen Stößen zum Einpacken bereitliegen und keine Minute Streß?

Ich wollte, ich könnte jetzt schreiben, daß ihr Gepäck auf dem Flug verlorenging und sie es erst zwei Tage vor der Rückreise wieder kriegte. Aber nein, sogar diese kleine Genugtuung ist mir verwehrt. Elsa passiert so was nie.

«Du bist beim Packen? Endstadium?» sagte mein jüngerer Sohn erschrocken und wollte sofort flüchten, der Feigling.

«Reg dich ab. Ich fahr erst nächste Woche.»

Er blickte auf das Buch in meiner Hand, grinste und meinte, in dem Fall könne er ja noch auf eine Wurstbrotlänge bleiben.

«Wohin?» fragte er zwischen zwei Bissen.

«Griechenland.»

«Allein?»

Ich nickte.

«Hast du es deinem Herzallerliebsten schon gesagt?»

Ich klärte ihn dahin gehend auf, daß ich eine emanzipierte, unabhängige Frau und Alex zwar, wie er sich ausdrückte, mein Herzallerliebster sei, wir jedoch nicht verheiratet wären. Und daß ich infolgedessen fahren könnte, wann und wohin ich wollte, und daß ich nicht nach Griechenland fahren würde, um ein billiges Abenteuer zu erleben, sondern um endlich einen meiner sehnlichsten Träume zu verwirklichen, nämlich die Akropolis zu sehen.

«Na dann, viel Glück! Bei Alex, meine ich.»

Glück! Als ob ich für die simple Mitteilung, daß ich verreisen wollte, Glück bräuchte! Ich seufzte. – Gut, Glück vielleicht auch. Vor allem aber Mut. Sehr viel Mut.

Ich werde es noch heute abend hinter mich bringen. Bei einem guten Essen mit einer Flasche Wein ...

Es wurde nichts daraus. Ich hatte nicht das Herz, Alex die Stimmung zu verderben. Ich wußte nur zu gut, es würde ihn aufregen. Männer sind in der Beziehung ja ziemlich kleinlich. Sie sind immer noch der Meinung, eine ihnen nahestehende Frau dürfe sich ohne sie nur so weit vom häuslichen Herd wegbewegen, wie das zum Besorgen von Schnitzelfleisch, Salatköpfen und ihrem Monatsgehalt unbedingt notwendig ist.

Nur sie dürfen.

John Hillaby, jener Mann, der zu Fuß Europa durchquerte, und das über die Alpen, hat in seinem Reisebericht die Widmung stehen: «Für meine Frau Tilly, die Beste von allen.»

Wenn man bedenkt, wie lange es dauert, Europa zu Fuß zu durchqueren, dazu noch über die Alpen, kann man nur sagen: Hut ab vor dieser Frau, die da so geduldig daheim sitzt und auf ihren Gatten wartet.

Man stelle sich die Sache einmal umgekehrt vor. Da klaubt Jane Goodall ihren Feldstecher, drei Paar Shorts, den Brotbeutel und einen Stapel Notizbücher aus dem Schrank und sagt so nebenbei zu ihrem Mann: «Übrigens, Darling, ich fahre weg.»

«So? Wohin denn?»

«Zu meinen Affen.»

«Ach ... Und wie lange willst du wegbleiben?»

«Ich mach's kurz, zwei, drei Jahre werden reichen.»

Glauben Sie im Ernst, die hätte dann noch einen Darling daheim, dem sie in ihrem nächsten Affenbuch die schönen Worte «Meinem Mann, dem Besten von allen» widmen könnte?

Wer sich einbildet, die Welt wurde von Männern erobert, weil sie mutiger und unternehmungslustiger sind als wir Frauen, der hat sich mit dem Problem noch nicht richtig auseinandergesetzt. Das passierte doch bloß, weil die keinen Mann daheim haben, dem sie sagen müssen, daß sie wegfahren wollen.

Und kein altes Mütterchen, das daraufhin prompt ihr Herzflattern kriegt.

Und keinen Kater, der die beleidigte Leberwurst spielt.

Die einzigen, denen man es getrost sagen kann, ohne böse Folgen befürchten zu müssen, sind die Kinder. Die rennen sofort zum Telefon, laden sämtliche Freunde ein und inspizieren die Hausbar.

Zum Teufel, morgen sag ich's ihm!

Zum Teufel, gestern habe ich es ihm wieder nicht gesagt...

So wie es aussieht, werde ich zur bewährten Hintertürchenmethode greifen müssen – ich breche einen Streit vom Zaun, er kränkt mich mit häßlichen Worten, ich bin beleidigt, wir sehen uns nicht mehr, ich fahre weg und muß es ihm nicht sagen.

Aber darauf möchte ich wirklich nur im äußersten Notfall zurückgreifen. Es ist doch eine sehr drastische Methode.

Abenteuer des Schienenstrangs

Geschafft. Ich sitze im Hellas-Expreß nach Athen. Hinter mir die Sintflut. Alex ist beleidigt.

«Was mich am meisten kränkt», hatte er gesagt, «warum sagst du es mir erst im letzten Moment?»

Ich hätte ihm erklären können, warum erst im letzten Moment, aber ich hatte noch zu packen, die Blumen zu gießen und einen Zug zu erwischen.

Aber er hatte recht. Das nächstemal darf so etwas nicht mehr passieren.

Ich fahre häufig mit dem Zug. Und gern. Im Zugfahren bin ich Expertin. Deshalb kann ich diesbezüglich auch mit einigen Vorurteilen aufräumen. Ich kann es zum Beispiel schon nicht mehr hören, wenn so eine wie Hanna, die zwei Tage vor ihrer Führerscheinprüfung das letztemal mit dem Zug gefahren ist, jammert: «Ständig diese Verspätungen! Wenn ich auf dem Bahnsteig stehe und aus dem Lautsprecher höre ‹Der Intercity von Rom nach München, planmäßige Abfahrt 16 Uhr 15, hat voraussichtlich zwanzig Minuten Verspätung›, dann könnte ich aus der Haut fahren.»

Was redet die da! Züge haben heutzutage so gut wie keine Verspätungen mehr. Es sei denn, man wartet spätnachts bei klirrendem Frost auf einem fremden Bahnhof auf einen Anschluß. In diesen seltenen Fällen haben sie. Ausnahmslos. Dann, wenn das Bahnhofsrestaurant geschlossen hat und der Warteraum voller Penner ist, die ausgestreckt auf den Bänken liegen und schnarchen, ihre Finger um die halbleere Bierflasche geklammert.

Außerdem frage ich mich: Wie kann sie die Ansage verstehen? So was saugt sie sich doch aus den Fingern. Alles, was ich jemals aus dem Lautsprecher höre, ist: «Der IntkrkrkmitkrkrkAbfahkrkrspätung», dann einen Knackser und dann nichts mehr.

In einem Punkt allerdings haben die notorischen Jammerer recht: Es stimmt, daß man in gewissen Zügen, besonders in denen Richtung Südosten, nachts nie einen Platz kriegt. Weil die Abteile voller Menschen sind, hauptsächlich Männer mit drei Tage alten Stoppelbärten, die quer über den Sitzen liegen, mit ihren Mänteln zugedeckt, und schlafen.

Also wenn ich das sehe, kriege ich Zustände.

Die bilden sich wohl ein, nur weil sie die Tür zuhaben und den Vorhang vorgezogen und die Augen geschlossen, würde man nicht merken, daß von sechs Plätzen nur zwei belegt sind?

Nur mit einiger Schärfe kann man sich da Platz verschaffen.

Ich verstaue mein Gepäck, ziehe die Schuhe aus und die Stoffschlappen an, lege die Beine auf den Sitz gegenüber, stopfe die Handtasche samt meiner neuen roten Strickjacke unter den Kopf (die leider fusselt wie ein Angorahase mit Haarausfall), decke mich mit meinem Mantel zu und vergewissere mich, daß die Tür geschlossen ist und der Vorhang vorgezogen. Und dann versuche ich einzuschlafen.

Wer es wagen sollte, die Tür aufzuschieben und die Frage zu stellen: «Ist hier noch frei?», den soll auf der Stelle der Schlag treffen.

Ja sieht denn dieses Rhinozeros nicht, daß dieses Abteil voll belegt ist?

Mit den üblichen kleinen Unbilden einer Zugfahrt habe ich mich längst abgefunden. Wie zum Beispiel, daß es in den Toiletten keinen Platz zum Ablegen von Handtasche und Kosmetikbeutel gibt. Inzwischen bin ich in der Lage – unter jede Achsel eine Tasche geklemmt –, mir die Lippen nachzuziehen, auch wenn der Zug gerade mit zweihundert in eine Kurve geht. Schwerer fiel es mir, mich daran zu gewöhnen, daß man im Spiegel einer Zugtoilette immer so aussieht, daß man am liebsten die Waggontür aufmachen und hinausspringen würde. Die machen das doch absichtlich! Damit wir Frauen nicht zu lang in den Spiegel gucken und so diese Örtlichkeit blockieren.

Obwohl ich normalerweise schon Schwierigkeiten habe, einen gefüllten Zweilitertopf vom Herd zu heben, bin ich im Zug durchaus fähig, ein Gepäckstück von zwanzig Kilo hoch über meinen Kopf auf die Ablage zu stemmen.

Außer natürlich, ein Mann ist in der Nähe.

Dann erschlaffen meine Muskeln augenblicklich, und alles, was ich noch schaffe, ist ein dahingehauchtes Dankeschön.

Natürlich ist einem alten Hasen wie mir klar, daß das Essen in den Speisewagen unter aller Kritik ist, dafür aber das Dreifache kostet. Ich esse trotzdem immer im Speisewagen. Ich kann nicht anders. Sowie die Worte an mein Ohr klingen: «Wir machen die verehrten Reisenden darauf aufmerksam, daß sich in Zugmitte ein Speisewagen befindet . . .», hebt mich eine fremde Macht aus dem Sitz und katapultiert mich dorthin, wo außer mir nur die sitzen, die ihre Mahlzeiten auf Spesenrechnung setzen können.

«Vergiß nicht, dir ein paar belegte Brote mitzunehmen», hatte meine gute Mutter mich ermahnt. «Ich backe dir auch noch schnell einen Kuchen.»

Ich hatte abgewinkt. «Wozu? Es gibt einen Speisewagen im Zug.»

Die erste Nacht verbrachte ich plaudernd mit einem elegant gekleideten, intelligenten, dunkelhäutigen Mann aus Uganda, der seinerzeit vor dem Regime Idi Amins hatte flüchten müssen, seither in Schweden lebte und jetzt unterwegs zu Freunden in Belgrad war.

Als er ausstieg, hinterließ er mir ein erweitertes Weltbild und zwei sehr gut erhaltene Äpfel. Und ich machte mich zum Frühstück auf in den Speisewagen, der sich laut Wagenstandsanzeiger am Zugende befand.

Ich durchquerte die beiden dazwischenliegenden Waggons und wollte den Speisewagen betreten.

Dort, wo er hätte sein sollen, sah ich nichts als zwei hurtig von mir wegstrebende Schienen. Kein Speisewagen! Aus welchem Grund, war nicht herauszufinden. Und ich stand da mit nichts als zwei lumpigen Äpfeln.

«Ich hab dir ja gesagt, nimm was mit», ließ sich die Stimme meiner Mutter vernehmen. «Aber du bist ja immer gescheiter als ich.»

«Zwingen hättest du mich müssen, Mutter, zwingen! Wie ich das bei meinen Kindern tue. Ohne elterliche Autorität geht nun einmal nichts.»

«Sei nicht blöd. Du bist fast fünfzig und stur wie ein Maultier.»

«Laß uns nicht streiten, Mutter, ich brauche meine Kräfte jetzt weiß Gott für Wichtigeres ...»

Die Landschaft war so trübselig wie meine Stimmung und so leer wie mein Magen. Grauer Schnee und grauer Himmel und Schwärme von Krähen, die aussahen, als wären sie die Staffage zu einem Strindbergschen Trauerspiel. Aber dann tauchte auf einem der miesen grauen Bahnhöfe, an denen wir hielten, ein Mann mit einem scheppernden Wägelchen auf, der zwischen Weißbrotfladen geklemmte Fleischlaibchen verkaufte. Gott möge es dir danken, du guter Mann!

Während sich das unzivilisierte Pack um den Wagen drängte, wedelte ich diskret mit einem Geldschein aus dem Fenster in der Meinung: Du bist eine Frau, noch nicht ganz abgetakelt, hast die Lippen nachgezogen und die Haare frisch blondiert, was kann dir schon passieren?

Ich sage Ihnen, was passierte: Ich hatte nicht bedacht, daß wir schon in jenen östlichen Breitengraden waren, wo erst die Männer kommen, dann lange nichts und dann erst ein armseliges Würstchen, das mit seinem Ärmchen aus dem Fenster wedelt.

Aber als mir diesbezüglich der Knopf aufging, war schon längst nichts mehr da. Alles aufgefressen von diesen gierigen Monstern, die noch nie was von Galanterie gehört hatten und, wenn, dachten, es hätte was mit schwarzer Unterwäsche zu tun.

Wäre ich damals in einem Zug durch Italien gesessen, ich könnte heute nicht mehr darüber berichten.

Ich wäre glatt verhungert.

Italiener essen nie im Zug, außer im Speisewagen. Auch wenn sie noch so weit fahren. Auch wenn sie am Verhungern sind. Sie essen einfach nicht. Sie sind zu fein dazu.

Gottlob kennen ihre östlichen Nachbarn in der Beziehung keine falsche Scham. Die essen im Zug immerfort, hauptsächlich Knoblauchwürste, und lassen dazu die Weinflasche kreisen.

Inzwischen saß ich eingeklemmt zwischen den zahlreichen Mitgliedern einer Familie; die Mittagszeit war beinahe vorbei. Verflixt, warum essen sie nicht? Na endlich. Endlich rückten sie mit ihren Knoblauchwürsten heraus, nachdem sie vorher ein riesiges blaukariertes Tuch über sämtliche erreichbaren Knie gebreitet hatten. Außer meinen natürlich.

Jener Urinstinkt, der den kleinen hungrigen Kuckuck überleben läßt, weil er im Nest der Meiseneltern den Schnabel weit aufsperrt, ließ mich so lange am blaukarierten Tuch zupfen, bis ein Zipfelchen davon auch mein linkes Knie bedeckte.

Es funktionierte.

Es gab außer der Knoblauchwurst noch dicke Kanten Brot, gekochte Eier, Tomaten, Zwiebeln, grüne Paprika, und von allem kriegte ich was ab.

Wie schön, daß es auch in unserer überzivilisierten Zeit noch Menschen gibt, die sich von ihren Naturinstinkten leiten lassen!

Der einzige Stilbruch bestand in einer Zweiliterplastikflasche Cola. Ich hätte Wein vorgezogen, Rotwein von der trockenen Sorte. Als kleine Gegengabe wollte ich der Oma meine hübsche neue Angorajacke schenken, sie lehnte jedoch höflich, aber sehr entschieden ab.

Passagiere mit eingefallenen Wangen, auf der Suche nach etwas Eßbarem, glotzten neidisch in unser Abteil. Tja, ihr Leutchen, wie man sich setzt, so ißt man! Das Leben in der Fremde ist hart.

Jetzt galt es nur noch, die restlichen vierundzwanzig Stunden zu überstehen, was nicht ganz einfach sein würde, denn meine Nähreltern waren an der letzten Haltestelle ausgeflogen und hatten den armen kleinen Kuckuck allein zurückgelassen.

Gegen Abend meldete sich weinerlich jenes nervenaufreibende Geschöpf, das irgendwo in meinem Inneren hockt, mir mit seinem ständigen Gejammer das Leben vergällt und das mir jetzt düster verkündete, ich würde die Nacht nicht überleben, geschweige denn den nächsten Tag und warum ich nicht auf meine gute Mutter gehört hätte und warum ich nicht daheimgeblieben wäre.

Wirklich, wenn ich jemanden hasse, dann diese Zimperliese.

«So geh doch schon», heulte sie, «und such was zu essen, bevor sie sich alle schlafenlegen. Aber du wirst sehen, du kriegst nichts.»

«Ich geh ja schon, aber halt endlich den Mund», sagte ich, schlüpfte in meine Fusseljacke, steckte das Taschenmesser ein, hängte mir die Handtasche quer über die Brust und zog los auf eine, wie ich hoffte, erfolgreiche Hamstertour. Bei meiner Inspektion der Gepäckablagen achtete ich besonders auf Plastiksäcke mit Ausbuchtungen, die nach Brot und Würsten aussahen, wenn möglich mit dem herausragenden Hals einer Weinflasche.

Ich fand alle Voraussetzungen erfüllt im Abteil eines vertrauenerweckend wirkenden, wohlbeleibten griechischen Herrn, eines braven Familienvaters, der, wie er mir erzählte, in Deutschland arbeitete und jetzt auf Urlaub heimfuhr. Großzügig teilte er seine reichhaltigen Vorräte mit mir, und als er in Saloniki ausstieg, samt vielen Taschen, ein paar Bananenkisten und einem kleinen Fernseher, hinterließ mir dieser Engel seine gesamten Vorräte. Vorräte, die ausreichten, nicht nur mich für den Rest der Reise zu ernähren, sondern auch meine neu zugestiegene Reisegefährtin, eine temperamentvolle Italienerin namens Lulu.

Sie wollte von Athen aus nach Bombay fliegen, um dort einzukaufen – sie beschäftigte sich nebenberuflich mit ein bißchen Schmuggel von Gold- und Silberschmuck.

Als sie hörte, daß ich zum erstenmal nach Griechenland fuhr und Athen nicht kannte, entschloß sie sich spontan, dort vor dem Weiterflug ein paar Tage Aufenthalt zu machen, um mir die Stadt zu zeigen.

Es ist wahrlich selten, daß man für eine gute Tat so prompt belohnt wird.

Sie notierte sich gleich eine Reihe von Diskotheken und Tavernen, die sie mir unbedingt zeigen wollte.

Ich dankte ihr und meinte, das wäre sehr nett, und ich wüßte es zu schätzen, aber eigentlich wollte ich nur eines: die Akropolis besichtigen . . .

Fast hätte ich die Akropolis besichtigt

«Wohin, Ladies?» fragte der Taxifahrer vor dem Lárissa-Bahnhof.

«Zur Akropolis», sagte ich träumerisch. Und ich sah mich bereits dort oben stehen, im goldenen Abendlicht, in meiner roten Fusseljacke, unter den herrlichen weißen Säulen.

Ich hatte schon ein Bein im Taxi, als Lulu mich zurückriß in eine Wirklichkeit, die nicht annähernd so schön war: graue Mauern, von denen der Putz längst abgeblättert wäre, wenn sie jemals einen gehabt hätten. Aber so sind Häuser in der Nähe von Bahnhöfen immer, es gibt nichts Scheußlicheres, außer jene in der Nähe von Flugplätzen. Dahinter steckt auch eine Absicht: daß die Horden, die da ankommen, schleunigst umkehren und wieder heimfahren, denn dort, wo sie hinwollen, ist ohnehin schon alles viel zu voll.

«Wir wollen erst in die Stadt», erinnerte ich mich.

«Gut», sagte der Taxifahrer in einwandfreiem Englisch. «Achtzehnhundert. Ein Spezialpreis. Steigen Sie ein.»

«Kein Bedarf», sagte Lulu. «Wir fahren mit dem Bus.»

«Mit welchem Bus, Miss? Sehen Sie hier irgendwo einen Bus? Es gibt hier keinen Bus.»

«Ach nein, gibt es nicht! Und das Schild dort, das ist wohl eine Fata Morgana, was... Alles Schurken, diese Griechen, lügen wie gedruckt, und im Betrügen sind sie Weltmeister... Verschwinden Sie endlich. Wir brauchen Sie nicht.»

«Sechzehnhundert für Sie, weil Sie zwei so charmante Ladies sind.»

«Tu so, als sei er nicht vorhanden. Anders werden wir ihn nicht los», sagte Lulu.

Ich tat so, als sei er nicht vorhanden, was nicht ganz einfach war, denn er fuhr im Schrittempo neben uns her und rief den jeweiligen Preisstand und sonst noch einiges aus dem Fenster, das sich hauptsächlich auf unsere Anatomie bezog und recht schmeichelhaft war. Im Moment war er auf achthundert herunter.

«Siebenhundert. Mein allerletztes Angebot. Der einzige Bus ist um sechs Uhr früh gefahren.» Zu mir sagte er: «Haben Sie schon die Akropolis gesehen, Miss? Kommen Sie, steigen Sie ein, ich fahre Sie hin. Gratis.»

Dafür hatte ich nur ein müdes Lächeln übrig. Ein Volk, das schon vor dreitausend Jahren die doppelte Buchführung erfunden hat, tut nichts gratis. Schon gar nicht ein Taxifahrer.

«Jetzt im Frühling sind sie so ausgehungert wie Moskitos an einem ausgetrockneten Wasserloch», sagte Lulu, während wir stramm auf die Bushaltestelle zu marschierten und er immer noch neben uns herfuhr. «Nach dem langen Winter ohne Touristinnen. Nicht, daß sie als Liebhaber so besonders wären. *Mamma mia,* warum sind Sie immer noch da? Wir brauchen Sie nicht. Hauen Sie ab.»

«Wer ist diese wilde Hexe, Ihre Mutter? Kommen Sie,

Miss, steigen Sie ein, Sie sind mir sehr sympathisch. Sie erinnern mich an meine Schwester –»

«Ha!» sagte ich.

«Idiot», sagte Lulu.

«. . . an meine Tochter, wenn ich eine hätte. Aber ich bin nicht verheiratet. Ich suche eine Frau. Eine schöne, kühle, blonde wie Sie. Steigen Sie ein, bitte.» Er riß die Tür auf, zündete sich eine Zigarette an, wich einem Moped aus, redete mit beiden Händen – und das alles gleichzeitig.

«Wie alt ist der Kerl, wenn er dich für seine Tochter hält? Neunzig?» Das, was ich da in meinem Hinterkopf höre, ist zweifellos Alex' Stimme. Was mischt sich der Mensch da schon wieder ein? Ich weiß selbst, daß ich die Mutter dieses schwarzbärtigen Schurken sein könnte. Fast. Theoretisch. Wenn ich auch sehr viel jünger aussehe, mit meiner neuen Wuschelfrisur . . .

«Jünger? Nachdem du zwei Nächte nicht geschlafen hast? Mach dich nicht lächerlich. Und überhaupt, wieso läufst du in diesem kurzen Fetzen herum? Bei den geilen Typen –»

«Um etwas Sonne auf meine Beine zu kriegen. Aber was geht das dich an. Hau ab.»

«Man merkt, was für einen feinen Umgang du hast.»

«Der nächste Bus kommt erst in zwei Stunden, Ladies!» rief mein Adoptivvater aus dem Wagenfenster. «Steigen Sie endlich ein, ich blockiere den Verkehr. Fünfhundert.»

Wir sahen auf dem Busfahrplan nach. Der nächste Bus wäre vor drei Minuten gekommen, wenn er gekommen wäre.

«Okay. Dreihundert. Wo genau wollen Sie hin?»

Lulu nannte den Namen einer Pension und eine Adresse, beides klang wie aus einer griechischen Tragödie.

«Vierhundert. Das ist sehr weit», sagte der Schurke und knallte schon das Gepäck in den Kofferraum.

Ich dachte, die Art, wie er mit uns durch die engen, verwinkelten, von Menschen, Autos, Mopeds, Katzen und Hunden vollgestopften Gassen raste, wäre seine höchstpersönliche Art von Rache, aber Lulu meinte, das hätte nichts zu bedeuten, das wäre hier die ganz normale Art zu fahren.

«Warum bist du so verspannt? Fühl dich frei!»

Ich nahm mir vor, gleich damit anzufangen – sofern wir den Angriff jenes Amokfahrers überleben würden, der aus einem der Seitengäßchen auf uns zugeschossen kam . . .

Nachdem wir das Gepäck im Zimmer deponiert und ich mich davon überzeugt hatte, daß mein Geld und die Schecks noch vorhanden waren, die ich so sorgfältig über meinen Körper verteilt hatte wie ein Rheumatiker seine Pflaster, erkundigte ich mich: «Können wir zu Fuß hingehen?»

Ich hoffte es inständigst, denn noch so eine Autofahrt hätte ich nur schwer überstanden.

«Zu Fuß, wohin?»

Lulu kramte ein abgewetztes Täschchen hervor und aus diesem eine zerquetschte Tube Alleskleber sowie eine jener Stoffblüten, wie sie schon zahlreich ihr knallbonbonrosa Flatterhemd verzierten.

«Auf die Akropolis, wohin sonst!» Langsam kamen

mir Zweifel, ob es wirklich eine so gute Idee gewesen war, Lulu durchzufüttern.

Sie kleckste auf die Rückseite der Blüte ein paar Tropfen Klebstoff und pappte sie aufs Hemd, über einen Kaffeefleck. «Sehr praktisch, diese Dinger . . . Das mit der Akropolis scheint eine fixe Idee von dir zu sein . . .» Vor dem Spiegel zupfte sie sich ihre Haare zurecht.

Sie hatte herrliche Haare, rabenschwarz und lockig hingen sie ihr bis auf den halben Rücken. Ich hätte weiß Gott was gegeben für solche Haare und fragte mich, womit sich die Italiener solche Gottesgaben verdient haben.

«Keine Sorge, wir gehen schon noch auf die Akropolis. Gleich nachdem wir eine Kleinigkeit gegessen haben. Ich bin am Verhungern, du nicht?»

Ich erwiderte, mein Hunger wäre anderer, eher geistiger Art – mich hungerte nach den wunderbaren Schätzen dieser Stadt, ihrer jahrtausendealten Kultur, ihrer –

«Jaja, ist ja schon gut, beruhige dich. Wir gehen schon noch auf den Flohmarkt.»

Von dem Moment an, wo ich hinter Lulu die Kneipe betrat, in der sich das schrille Gelächter amerikanischer Teenager mit den schrillen Klängen griechischer Musik vereinte (die nur sehr wenig bis nichts mit hübschen Liedern wie «Griechischer Wein» gemein hat), fing mein zäher – hätte ich nicht eine tiefverwurzelte Abneigung gegen pompöse Worte, würde ich sagen «heroischer» – Kampf um die Besichtigung der Akropolis an.

Hätte ich nicht durch die Aufzucht von drei Kindern eine gewisse Hartnäckigkeit entwickelt, wäre das Projekt bereits im zarten Keim erstickt.

«Versteh ich nicht», sagte Hanna, als ich ihr nach der Rückkehr mein Dilemma zu schildern versuchte, «was soll daran schon so schwierig sein? Du gehst oder fährst auf diesen Hügel, wo sie steht, die Akropolis, bezahlst Eintritt und gehst in dem Haufen mit der deutschen Führung mit. Ich sehe da keine Schwierigkeit –»

Ich seufzte.

Mit Frauen, deren Horizont nicht über den eigenen Gemüsegarten hinausreicht, kann man nicht über so diffizile Dinge reden.

«Warst du schon in Athen?»

«Ich, in Athen? Schön wär's. Du kennst doch den Meinen, der ist doch nirgends hinzukriegen. Schon gar nicht in ein Land, wo das Essen kalt ist und es kein ordentliches Bier gibt.»

Na also. Wie will sie mitreden? Was hat die schon mitgemacht?

Lulu, so stellte es sich immer mehr heraus, war keine Hilfe. Und ihre Kneipenfreunde schon gar nicht. Ich bitte Sie, was soll man als intelligente Person mit Leuten anfangen, die, wenn das Wort *Agora* fällt, fragen: «Ach, ist das neu auf dem Markt?»

Ich schlug den Reiseführer auf und fing zu lesen an, während ich an etwas nippte, das aussah wie verdünnte Milch und nach Lakritze schmeckte. Hoffentlich nichts mit Alkohol!

Nach der Kneipe landeten wir in einem Nachtlokal, wo sie weitersoffen und ich, die Finger zwischen den Seiten des Reiseführers, vor mich hindämmerte, während mir ein junger Schnösel namens Vangelis erzählte, daß sich seine Mutter gerade den Busen hatte liften lassen, und ich ihn mit letzter Kraft davon abhielt, mich ins Freie zu zerren, wo er mir den Sternenhimmel Athens zeigen wollte.

Was wollte der junge dumme Hupfer? Sah er denn nicht, daß ich seine Mutter sein könnte – vor ihrem Busenlifting . . .?

Noch waren meine Leiden nicht zu Ende. Als wir endlich heimfuhren – der Morgen graute bereits –, quetschten sich Vangelis und noch so ein Typ mit ins Taxi. In der Pension rannte ich mit den letzten Resten der mir noch verbliebenen Energie ins Zimmer, schlug die Tür zu, drehte den Schlüssel um, warf mich ins Bett und zog mir das Kopfkissen über den Kopf, um das Toben der drei Verrückten vor der Tür nicht zu hören.

An Schlaf war auch in dieser Nacht nicht zu denken, um so weniger, als Vangelis vor meinem Bett kniete und mich anflehte, ihn an meinen mütterlichen Busen zu nehmen und ihm Trost zu spenden. Er jammerte, Lulu, diese Wildkatze, hätte ihm den Daumen gebrochen.

«Wo, sagst du, winselte der Kerl? Vor deinem Bett? Seltsam, ich dachte, du hättest die Tür verschlossen?» Das war natürlich wieder Alex oder die Stimme des Gewissens. Sie klingen sehr ähnlich, mit demselben impertinent scharfrichterlichen Ton.

Bett? Habe ich was von einem Bett gesagt? Blödsinn. Aber wie sollte ich noch wissen, was ich sagte oder dachte, wenn ich drei Nächte hintereinander nicht geschlafen hatte?

Eines war mir klargeworden: Wollte ich endlich aufsteigen in die lichten Höhen dieser Stadt, hinauf zu den hehren Göttertempeln und hinaus aus dem Sumpf, in den mich diese übergeschnappte Hexe Lulu gezerrt hatte, mußte ich mich schleunigst von ihr befreien.

Sie schlief neben dem jungen Strolch und schnarchte mit offenem Mund. Ihre herrlichen Haare hingen über der Nachttischlampe. Und was sie selber auf dem Kopf hatte, mit Klammern festgesteckt, war nicht der Rede wert. Ich fühlte mich gleich sehr viel besser, schob das Geld für meine Zimmerhälfte unter den Aschenbecher, nahm meinen Rucksack auf, stieg über Vangelis, der am Boden lag und murmelte: «Ich will zwanzigtausend Entschädigung für meinen gebrochenen Daumen», und ging.

Am liebsten wäre ich sofort auf die Akropolis gestiegen. Aber ich wollte nicht wie eine Sklavin gebeugt unter der Last eines Rucksacks dort ankommen, sondern aufrecht wie ein freier Bürger Athens.

Auf der Straße kaufte ich mir einen mit grobem Zucker bestreuten Schmalzkringel sowie einen Reiseführer von der alternativen Art, da ich – wollte ich in diesem Dschungel überleben – mehr wissen mußte, als daß der Bildhauer, der den Parthenonfries geschaffen hatte, Phidias hieß.

Die erste Information, die ich darin las, lautete: «Was den alten Griechen die *Agora* war – ein Zentrum der Kommunikation –, ist dem modernen Bewohner Athens der Sintagmaplatz.»

Während ich also meine Schritte dorthin lenkte und dabei den Schmalzkringel aß, las ich weiter:

«Der Eingeborenenstamm vom Sintagmaplatz teilt sich ein in Ein-, Zwei- und Dreiknopfmänner.»

Damit bezog sich die Autorin auf die Anzahl der offenen Hemdknöpfe: Die bis obenhin Zugeknöpften konnte man ihrer Meinung nach vergessen. Die hatten was zu verbergen, und sei's auch nur, daß sie keine Haare auf der Brust hatten.

Die Einknopfmänner kamen auch nicht gut weg, ebensowenig die Dreiknopfmänner. («Vergiß sie, Schwester, das sind die, die sich von dir den Kaffee zahlen lassen.»)

«Zwei Knöpfe offen – okay, Sister, schau dir den Knaben genauer an, es könnte sich lohnen.»

Man erkenne die Eingeborenen des Sintagmastammes, so schrieb sie, sofort an ihrer Tracht – hautengen weißen Jeans – und daran, daß ihre erste Frage sein würde: «Haben Sie schon die Akropolis gesehen, Miss?»

Der Sintagmaplatz entpuppte sich als eine Ansammlung von Straßencafés. Ich stellte meinen Rucksack ab, setzte mich in einen der bequemen Korbsessel, bestellte einen Kaffee, und ein paar der schwarzgelockten Köpfe drehten sich in meine Richtung und stellten die Frage:

«Haben Sie schon die Akropolis gesehen, Miss?»

Das Geld für das Büchlein war gut investiert. Die Autorin wußte, wovon sie sprach.

Ich sagte, nein, noch nicht, erst bräuchte ich ein ruhiges Zimmer. Einer der jungen Männer, den sie Dimitri nannten, wußte von einem.

«Wetten, ein Dreiknopfmann mit einem Goldkettchen auf seiner behaarten Affenbrust!» höhnte jene Stimme, die ich unschwer erkannte.

«Wo denkst du hin, er trägt einen Priesterkragen», höhnte ich zurück.

«Wetten, er lädt dich zum Essen ein und läßt dich bezahlen!»

«Warum gibst du deine Weisheiten nicht von dir,

wenn ich eine bestimmte Straße suche oder eine Apotheke, die mittags offen hat?»

«Wieso Apotheke? Was fehlt dir? Bist du krank? Ich hätte dich nicht allein wegfahren lassen sollen!»

Ich machte mir den Spaß, daraufhin zu schweigen. Sollte er in seinem eigenen Saft schmoren.

Inzwischen hatte ich meinen Kaffee bezahlt, mich erhoben und wartete nun, daß Dimitri den Rucksack auf seine breiten Schultern nehmen würde, das mindeste, was man von einem Kavalier erwarten konnte.

Aber er tat nichts dergleichen.

Es war nicht weit. Das Haus gehörte rein zufällig seiner Mutter.

«Wetten, nach zwei Minuten liegt der Kerl in deinem Bett, um zu demonstrieren, wie gut die Matratze ist? Wetten?»

Alex kam in unserem stummen Zwiegespräch der Wahrheit diesmal ziemlich nahe. Nur daß Dimitri keine zwei Minuten dafür brauchte.

«Wo ist der Zimmerschlüssel?» fragte ich.

«Zimmerschlüssel, Miss?» (Ich hatte schon bemerkt, daß sich die Bezeichnung «Miss» hierzulande weder auf das Alter noch auf den Familienstand bezog, sondern auf jedes weibliche Wesen unter achtzig angewendet wurde, in dessen näherem Umkreis sich kein dazugehöriger Mann befand.) «Wozu brauchen Sie einen Zimmerschlüssel? Wollen Sie uns beleidigen? Hier in Griechenland wird nicht gestohlen!» Unschuld und reine Empörung blitzte aus den dunklen Augen.

Ach du grünes Knäbchen, solche wie dich habe ich schon zum Frühstück verspeist, als du noch in den Windeln lagst!

«Wie interessant, das zu erfahren!» höhnte die mir wohlbekannte Stimme. Dieser Mensch nahm alles viel zu wörtlich.

Nun gut, ich würde nachts die Kommode vor die Tür schieben . . .

Immerhin bot sich Dimitri am nächsten Tag an, mich auf die Akropolis zu begleiten, was ein netter Zug von ihm war, wenn man bedachte, daß er gerade eine massive Abfuhr von mir gekriegt hatte.

Wir gingen durch die Altstadt, die *Plaka,* vorbei an zahlreichen kleinen Läden voller Schmuck und ungemein billigen Pelzjacken, wo ich meine elende Fusseljacke daran erinnerte, daß ich sie hier in Nullkommanichts günstigst ersetzen könne, falls sie nicht aufhöre, sich zu haaren.

Mein Begleiter führte mich bergauf, auf die altehrwürdigen Säulen zu, mußte dann aber irgendwo abgezweigt sein, denn wir landeten in einem Olivenhain, wo unter knorrigen Bäumen hübscher gelber Klee blühte und weiße Lilien, und dort legte er seine Jacke hin und sich darauf.

«Das hier ist nicht die Akropolis», sagte ich und befreite mich energisch aus seinem Griff.

«Es ist eine Abkürzung», sagte der junge Strolch. «Wir wollen nur ein wenig rasten. Was hast du? Warum bist du so nervös? Gefalle ich dir nicht?»

Ich sagte ihm unmißverständlich, was ich von den griechischen Männern im allgemeinen und von ihm im besonderen hielt, ließ ihn da sitzen, im gelben Klee, und ging.

Für den Fall, daß mich meine Tochter einmal danach fragen sollte, habe ich ein paar Dinge notiert, die ihr auf einer Griechenlandreise nützlich sein könnten. (Rein theoretisch. Denn das einzige, wonach sie mich je gefragt hat, war das Rezept für Holundersekt.)

Trag keinen Mini. Kauf dir eine dieser sackähnlichen gestreiften Hosen mit Schnürchen an den Fesseln und um die Mitte, wie sie die Sträflinge in den alten Stummfilmen trugen.

Einladungen zum Essen. Denk daran, daß die Griechen nicht nur die doppelte Buchführung, sondern auch das rationale Denken erfunden haben. Eine Einladung zum Kaffee ist die Schmerzgrenze. Du mußt schon aussehen wie Kim Basinger und die voraussichtlichen Erfolgschancen deines Verehrers müßten bei 99,9 Prozent liegen, wenn er sich zu einem *Souflaki* versteigt. Die werden von Seitenfensterchen der billigeren Restaurants aus auf die Straße verkauft.

Sie sind die schönsten Männer der Welt. Na und? Ein klassisches Profil und ein knackiger Po sagen nicht das geringste aus über innere Werte. Und vergiß eines nicht: Ein üppiger Lockenkopf bei einem Mann über fünfundzwanzig kann auch ein Zuviel an weiblichen Hormonen bedeuten.

Sie haben einen starken Hang zum Lügen. «Die Kardinaleigenschaft der Griechen», liest man in einem einschlägigen Buch, «ist ihre Phantasie. Dadurch sind sie zum Lügen und Leiden verurteilt.» Stimmt haargenau. Sie lügen, und du, mein armes Kind, wirst leiden.

Was kann man trotzdem von ihnen lernen? Einen wunderbaren Sinn für die Wirklichkeit. Sie wissen und wußten immer schon, was das Leben ist: eine strapaziöse, unberechenbare, verdammt undankbare Angelegenheit, die nur mit einer gehörigen Portion Heiterkeit und Gelassenheit zu ertragen ist.

Und beides, mein Kind, wirst du auf einer Griechenlandreise in reichlichem Maß brauchen können.

Hätte ich damals schon gewußt, was ich heute weiß, wäre mir einiges erspart geblieben. Vor allem die nachfolgenden zeitraubenden und vollkommen zwecklosen Versuche, die Akropolis auf dem Normalweg zu erreichen.

Sie begannen stets mit der Frage: «Soll ich Ihnen die Akropolis zeigen, Miss?» und endeten ausnahmslos in irgendeinem dunklen Winkel dieser so überaus verwinkelten Stadt – zwischen Lorbeerhecken, in einem Olivenhain oder in einer obskuren Spelunke in der *Plaka,* wo ich den jeweiligen Halunken wutschnaubend mit dem inbrünstigen Wunsch verließ, er möge auf ewig im Höllenfeuer schmoren.

Der letzte Fehlschlag hatte mich besonders getroffen, da ich Jorgos anhand der ausgebeulten Kordsamthosen, die er anstelle der üblichen engen weißen Jeans trug, und auch weil er sehr poetisch über seine berühmten Vorfahren zu sprechen wußte und mich mit einem Gemälde von Modigliani verglich, für einen Intellektuellen gehalten hatte, der anderes im Kopf hatte, als eine ohnehin schon vollkommen erschöpfte Touristin in reifen Jahren in einen Olivenhain zu locken.

Wären da nicht die roten Angorafussel gewesen, die da und dort an den knorrigen Stämmen der Ölbäume hingen, ich hätte womöglich nicht mehr zurückgefunden.

Die Augen zu Boden geschlagen, die Ohren taub gegenüber den aufdringlichen Pfiffen, bekleidet mit meinen neuen Sackhosen, schaffte ich schließlich am Nachmittag des dritten Tages den Aufstieg zur Akropolis, fernab von den üblichen Jagdgründen der Athener Jungwaidmänner, auf einem Schleichweg.

Er führte mich an einem kleinen Hühnerhof (zwei Hennen, ein Hahn) und an jener Tafel vorbei, die auf englisch besagt, daß an dieser Stelle der Durchgang verboten ist, weiter zu einem Stacheldrahtzaun, an dem man umkehren müßte, wäre da nicht gleich neben der Tafel KEIN AUFGANG ZUR AKROPOLIS ein Loch zum Durchschlüpfen. Unter Akazien und Oliven stieg ich weiter bergauf bis zu einem Steinbruch, in dem noch eine alte Steinsäge stand, kam zu einem tiefen Graben, über den für diejenigen, die hier keinesfalls gehen sollten, ein Brett lag, stieg weiter durch roten Mohn, gelben Klee und weiße Lilien bergan und kam oben beim Beule-Tor heraus.

Und da stand ich nun also, am Ziel meiner sehnlichen Wünsche. Auf der Akropolis.

Um mich herum wimmelte es von Leuten, die den Aufstieg gleich mir geschafft hatten, wenn auch auf dem Normalweg in Bussen und sehr viel einfacher, da sie kompetente Reiseleiter dabeihatten, die sie vor Kontakt mit den Eingeborenen und damit vor Versuchungen, Irrungen und Abwegen aller Art bewahrten.

Gänzlich verwirrt von dem plötzlichen Trubel schlich ich hin zu einer der Buden und kaufte mir einen Pappbecher voll frischgepreßtem Orangensaft, den ich gerade an die Lippen setzte, als mich eine männliche Stimme zusammenzucken ließ.

O nein, nicht schon wieder!

Aber es war nur ein Tourist mit einer Videokamera vor dem stattlichen Wohlstandsbäuchlein. Sie auf die hehren Säulen richtend, sagte er verdrossen: «Ewig dieses Gerüstzeug, die werden doch nie mit etwas fertig. Was die brauchen, ist eine straffe Organisation!» Und dann zu mir: «Nun, schon alles absolviert?»

«Noch nicht, ich –»

Seine Kamera schwenkte auf mein Gesicht, und ich – eben im Begriff zu trinken – klappte schleunigst den Mund zu.

«Sollten bei unserem Trupp dabeisein. Phantastische Organisation. Mykene mit Löwentor, Zyklopenmauer, Argos – kennen Sie doch?»

Beschämt mußte ich gestehen: «Noch nicht, aber –»

«Sparta, Olympia, Delphi, samt Orakel versteht sich. Alles in fünf Tagen. Keine Minute Leerlauf.» Er nahm die Kamera vom Auge und warf einen schnellen Blick auf die Uhr. «Vortrefflich. Noch acht Minuten. Dann ab zum Parlament, Wachablösung, Museum ...» Seine Stimme und er selber entfernten sich in Richtung Busparkplatz.

Ich blickte ihm nach, dem glücklichen Menschen mit seinem vollen Programm ohne Leerlauf, und dann hinüber zum farbenfrohen Getümmel unter den Säulen, beschloß, den langersehnten Augenblick noch etwas hinauszuschieben, um die Vorfreude länger genießen zu können, schlenderte hin zu ein paar Pinien, legte in deren Schatten meine Fusseljacke ins Gras, schob mir das Rucksäckchen unter den Kopf und schloß die Augen.

Meiner Jammerliese befahl ich, ruhig zu sein, ich

wollte nur ein Momentchen – rasten ... Als ich aufwachte, stand die Abendsonne als große rote Scheibe hinter den Säulen des Parthenons. Das war so schön, daß es im Magen weh tat.

Die Jammerliese lamentierte: «Jetzt steh endlich auf und geh die Akropolis besichtigen, bevor sie zumachen! Schlafen kannst du daheim.»

«Halt den Mund!» gab ich zurück, mit der ganzen Autorität meiner gereiften Persönlichkeit. «Was verstehst du schon davon, du plebejisches Geschöpf.»

O nein, ich würde nichts dergleichen tun! Keinesfalls würde ich mich dorthin begeben unter die Massen, die blöde Fotos schossen, blödes Zeug schwätzten und womöglich auf den heiligen Boden spuckten. Ich hatte nicht vor, mir selbst einen wunderbaren Traum zu zerstören.

Ich klaubte notdürftig einen Teil der Grashalme, die sich mit vielen kleinen Widerhaken in meiner Fusseljacke verankert hatten, heraus, schulterte mein Ränzchen, stieg – nach einem letzten langen Blick hin zur Akropolis – den Hügel hinab, bezahlte mein Zimmer bei Dimitris Mama, fuhr mit der Schnellbahn hinaus nach Piräus und nahm die Nachtfähre nach Kreta.

Ich hatte gelesen, dort wäre es ruhig, die Männer nicht zudringlich und es gäbe viele hübsche Sachen zu besichtigen, unter anderem das berühmte Knossos.

Auf der Fähre war alles vor dem Fernseher versammelt, man übertrug ein Fußballspiel. Kein Mensch kümmerte sich um mich. Ich stellte meinen Rucksack ab, ging an die Bar und bestellte einen Kaffee.

Frieden, Ruhe, endlich Ruhe und Frieden ...

«Haben Sie schon Knossos gesehen, Miss?»

Ich wandte mich um. Da stand ein junger Mann mit bernsteingelben Augen, pechschwarzen Locken und dem kitschig-klassischen Profil eines Adonis. Ein Zweiknopfmann. Er lächelte mit hundert strahlendweißen Zähnen und einem Grübchen im Kinn. «Sie fahren nach Kreta? Ich fahre auch nach Kreta. Ich werde Ihnen Knossos zeigen, Miss.»

Ich atmete tief durch, trank meinen Kaffee aus, nahm meinen Rucksack, sprang über Bord und schwamm auf die nächste einsame, männerleere Küste zu, den Rucksack vor mir herstoßend …

O mia bella Italia!

«Du hast die Brieftasche schon wieder hinten in der Hose stecken», warnte ich Alex.

«Ich weiß. Kein Mensch wird mir in die Hosentasche greifen, ohne daß ich es merke.»

«Na schön. Aber wenn du dein Geld los bist, komm nicht zu mir.» Nachdem ich zwei Stunden lang eingekeilt zwischen Reisenden in allen Stadien der Transpiration im Gang gestanden hatte und mir jetzt die Reisetasche die linke Schulter bis aufs Knie drückte, fehlte mir die Kondition zu fruchtlosen Diskussionen.

Wir verließen die Bahnhofshalle von Rom und zwängten uns zwischen den Taxis durch.

«Mit all dem Zeug kommen wir nicht weit», jammerte Alex.

«Ich habe auch nicht vor, in der Stunde zwischen zwei Zügen mit dir eine Stadtführung zu machen», entgegnete ich kühl, meine Blicke starr auf sein Hinterteil gerichtet, dorthin, wo seine Brieftasche steckte. Noch steckte.

Er sagte: «Gut. Gehn wir dort drüben was trinken» und deutete mit dem Kinn auf eine Reihe von Sonnenschirmen, die hinter dem Wasserstrahl eines Springbrunnens unter den Arkaden aufblitzten. In jenem aufdringlichen Gelb, das bei giftigen Reptilien signalisiert: Komm her und laß dich fressen!

«Hör zu, du argloses Christkindl», sagte ich, mich nach etwas Passendem umsehend, «setz dich in Rom nie in ein Café in unmittelbarer Nähe eines Springbrunnens, der größer ist als ein Wasserspender im Büro. Der Preis des Kaffees richtet sich nach der Höhe des Wasserstrahls. Und schon gar nicht in eines unter irgendwelchen Arkaden. Glaub mir, an jeder Säule klebt das Herzblut ausgequetschter Touristen.» Ich sah genauer hin und entzifferte die Worte *american coffee*.

Wirklich, dieser Mensch hatte die Gabe, so ahnungslos in die plumpste Touristenfalle zu purzeln wie eine frisch geschlüpfte Insektenlarve in ein offenes Froschmaul. In derart primitive Fallen, klärte ich ihn auf, gehen nur die Naivsten der Naiven, nämlich amerikanische Touristen. Wenn die heimkommen und noch das Gold in ihren Zahnkronen haben, können sie von Glück reden.

Mein umherschweifendes Auge blieb an einem zerbröckelnden Gemäuer hängen, das die Piazza della Repubblica rechter Hand begrenzte. Offensichtlich antik. Auch das noch. Da waren wir doch dank meiner Aufmerksamkeit und Erfahrung haarscharf einer finanziellen Katastrophe entkommen. «Glaub mir, jedes einzelne dieser kleinen roten Ziegelsteinchen erhöht den Preis des Kaffees um hundert Lire, bei Bier das Doppelte», murmelte ich, während ich nach einem geeigneten Lokal Ausschau hielt. «Ich hab's!» stellte ich erfreut fest. «Dort drüben, unter der Laube, das ist das richtige für uns.»

«Du meinst die dreckige Kaschemme unter den zwölf verlausten Weinblättern?»

Typische Macho-Reaktion. Er verkraftet es einfach nicht, daß ihm die Frau an seiner Seite an Erfahrung überlegen ist.

Während wir zwei Lastkamelen gleich darauf zuschwankten, erklärte ich dem ahnungslosen Schäfchen, warum die sechs Klapptischchen unter den von der römischen Sonne ausgebleichten Cola-Reklameschirmen genau das richtige für uns waren: erstens keine zum Dreieck aufgestellten weißen Stoffservietten, die offizielle Piratenflagge der romanischen Gastronomie. Zweitens kein Kellner im Frack und drittens, und das war das ausschlaggebende: Es saßen nur Einheimische dort. Zeitunglesende Männer und ein junges Pärchen mit lässig über die Schultern geworfenen dunkelblauen Pullovern. Dunkelblau ist die Farbe der Italiener. Und sie tragen die Pullis immer lässig über die Schulter geworfen, nicht wie wir um die Hüften gewurschtelt wie einen wollenen Bauchwickel.

Ich warf einen Blick auf die verblichene Speisekarte und nickte zufrieden. Ich hatte mich nicht getäuscht. Wir ließen unsere Lasten auf den mit Zigarettenkippen bedeckten Kies plumpsen und setzten uns auf die abgewetzten Stühle. Der Kellner schlurfte herbei, und wir bestellten zwei *panini* mit Mortadella, ein kleines Bier und ein Mineralwasser mit Zitrone.

«Man kann von hier aus auch die Ruinen sehen», sagte Alex besorgt.

«Ja, aber nur, wenn man den Kopf verdreht. Das zählt nicht.» Ich bat ihn, seine Ängste zu vergessen und sich zu entspannen. Hier waren wir so sicher vor den römischen Geiern wie in Abrahams Schoß.

Zugegeben, das Tischtuch war fleckig, die Stühle

drückten im Kreuz, die Brötchen waren staubtrocken und das Scheibchen Mortadella so dünn und alt, daß es sich kräuselte. Das Bier war schal und hatte keine Krone, das Mineralwasser abgestanden, und es fehlte die Zitrone, aber man ist im Ausland bereit, über derartige Lappalien hinwegzusehen, solange der Preis stimmt.

Der Kellner kam, um zu kassieren.

Ich mußte mich verhört haben! «Wieviel?! *Quanto?*» fragte ich noch einmal.

Nein, ich hatte mich nicht verhört. Sechzehntausend.

«Zahl ja nicht!» befahl ich dem Kindskopf von Alex, der schon nach seiner Gesäßtasche griff, sprang auf, sauste hin zur Speisekarte, las, was da stand, rechnete zusammen und sauste zum Tisch zurück, wo der Gauner mit dem glänzenden Hosenboden noch auf seine Beute harrte.

Der konnte lange harren! Nicht mit mir.

«Laut Karte macht es neuntausend», sagte ich in der Sprache dieser Halsabschneider, die sich einbilden, sie könnten jedem Touristen das Fell über die Ohren ziehen.

«Mach kein Theater. Ich zahl's lieber», wimmerte Alex, der Jammerlappen.

«Nicht, wenn ich es verhindern kann ... Neuntausend und keine Lira mehr! Glauben Sie, ich kann nicht rechnen? Oder nicht lesen?»

Der Schurke zuckte die Achsel. «An der Bar, *Signora.* Am Tisch sechzehntausend.»

Ich hätte ihm vor Wut das Toupet vom Kopf reißen können.

«Zahl's», murmelte ich. «Wir hätten uns nicht hinsetzen sollen.»

Das hatte ich vergessen: In Italien iß und trink stehend an der Bar. Auch wenn dir die geschwollenen Knöchel über die Schuhe hängen und dir die Sohlen wie Feuer brennen. Schnall dich mit dem Gürtel am Tresen fest, wenn du am Umkippen bist, aber bleib stehen, sofern dir deine paar Kröten lieb und teuer sind.

Daß ich diese elementarste aller Maßnahmen vergessen hatte, mochte daran gelegen haben, daß ich es eilig gehabt hatte, ein gewisses Etablissement aufzusuchen ... Bloß, es gab in dieser Räuberhöhle nichts dergleichen. Wir keuchten zum Bahnhof zurück, so schnell es die Zentnerlast auf unseren Schultern zuließ. Ich konnte nur hoffen, daß ich auch schnell genug das passende Kleingeld in der richtigen Währung finden würde.

Ich weiß, es ist kein Thema, das in Reiseführern behandelt wird, aber dessenungeachtet sollte man es nicht totschweigen. Davon, daß man nicht darüber redet, wird sie nicht besser, diese leidige Angelegenheit, der ich die schrecklichsten Momente fern der Heimat verdanke.

In Florenz, in der Via Nazionale, tranken wir einen Cappuccino. Und damit nahm das Verhängnis auch schon seinen Lauf. Kaffee hat bekanntlich die Wirkung, daß man ... Sie wissen schon, was ich meine.

Als wir nach dem Kaffee den Palazzo Vecchio besichtigten, waren noch keinerlei Anzeichen vorhanden. Wenn, dann hätte die Geschichte zweifellos einen weniger pressanten Verlauf genommen, denn hier war für solche Fälle bestens vorgesorgt.

Gemächlich durchschritten wir den berühmten Saal der Fünfhundert, unser Auge voller Kunstverständnis auf die prächtigen Monumentalgemälde gerichtet, die hier die Wände zierten und die von Mut und männlicher Tapferkeit verflossener Generationen Zeugnis gaben. Ich selbst hätte dafür keine treffenderen Worte finden können als jene stattliche Dame in giftgrünen Hosen und kanariengelbem Oberteil, die neben mir stand. «Guck mal, Karl-Friedrich», sagte sie kichernd und stieß Karl-Friedrich neckisch in die Rippen, «dat war'n noch Männer, wat!»

Und Karl-Friedrich beguckte sich den alten Römer, der einem Gegner nach allen Regeln der Kunst die Lanze in den Leib bohrte.

Beide waren, abgesehen von Helm und Ledersandalen, nackt.

Alle metzelnden und bereits hingemetzelten Krieger waren, auch an den strategisch wichtigen Stellen, splitterfasernackt.

Karl-Friedrich murmelte geniert, wenn ihr das da gefiele, dann wäre sie ein Ferkel, das wäre doch die reinste Pornographie.

«Wat heeßt da Pornographie! Dat is' Kunst, Karl-Friedrich, und Kunst is' nie nich' Pornographie.»

Ich konnte ihr nur recht geben.

Hätten wir eine weitere halbe Stunde mit dem Betrachten des historischen Schlachtengewühls verbracht, wären mir die kommenden Leiden erspart geblieben, denn wie gesagt – an diesem hehren Ort war nicht nur für geistige, sondern auch für leibliche Bedürfnisse bestens vorgesorgt. So aber befanden wir uns bereits auf dem Weg zum berühmten Ponte Vecchio, als sich die ersten leisen Anzeichen bemerkbar machten. Ich setzte meine Hoffnungen auf die Brücke.

«Halt bitte die Augen offen, ja», sagte ich. Alex versprach's.

Der Ponte Vecchio war gut bestückt mit kleinen, exklusiven Schmuck- und Ledergeschäften. Ich kaufte eine graue Wildledertasche, die ich eines kleinen Fehlers wegen billiger bekam, und Alex einen Schlüsselanhänger zu total überhöhtem Preis. Zweifellos hätten wir auch sonst noch einiges erstanden, hätte ich es nicht bereits sehr eilig gehabt. Wir brachten den Rest des Ponte Vecchio im Laufschritt hinter uns, was uns einige zehntausend Lire ersparte. Am anderen Ende bogen wir nach links ab, dem Arnoufer folgend.

Der Fluß war erbsengrün und ganz ungemein wäßrig. Er war so wäßrig, wie Wasser nun einmal zu sein pflegt. Wasser – ich konnte ein Stöhnen nicht ganz unterdrükken.

Der Mann an meiner Seite preßte meine Hand und sprach mir Mut zu. Ganz sicherlich gäbe es hier irgendwo so etwas.

Aber nein. Es gab nicht.

«Dort vorne, der Park ...» keuchte ich. «Und dort oben ... die Piazzale Michelangelo ... berühmt ... schönste Aussicht von Florenz ... muß man gesehen haben ...»

Es war ganz klar, dort vorne winkte die Rettung! Denn was so viele Menschen sehen wollen – Tausende Menschen sehen wollen – menschliche Menschen mit menschlichen Bedürfnissen – da muß doch vorgesorgt sein, nicht wahr?

Schüttelfrostartige Gänsehaut überzog meinen Körper von unten nach oben und von oben nach unten. Ich versuchte alle in ähnlichen Fällen erprobten Tricks, hielt die Luft an, bis mir schwarz vor den Augen wurde, grub meine Fingernägel in die Handflächen, um so einen Schmerz mit dem anderen niederzukämpfen. Vergeblich.

«Ich kann nicht mehr», murmelte ich.

«Doch. Du kannst», sagte der Mann an meiner Seite fest.

Wir hatten den Park erreicht. Einzelheiten nahm ich inzwischen nur noch wie durch einen Schleier wahr: Bäume ... nicht dicht genug, Grünes ... schütter, viel zu schütter, Blumenbeete, darin ein Hund, der das Bein hob. Ein Hund, du meine Güte, ein Hund müßte man sein! O Herr, wenn ich nochmals zur Welt komme, laß mich ein Hündchen sein, nichts als ein ordinäres, kleines Hündchen. Ich bestehe nicht einmal auf einem Stammbaum, nur auf vier Beinchen, von denen ich eines heben konnte, wann immer es notwendig war.

Linker Hand jetzt eine Grotte, von deren Decke das Wasser tropfte, tropfte, tropfte ...

«Gleich haben wir's. Gleich sind wir oben. Halt durch!»

Und wir hatten es tatsächlich gleich, weil wir so rannten, wie Ben Johnson samt Doping nicht gerannt ist, denn der wollte bloß Olympiasieger werden oder sonst was Nebensächliches.

«Setz dich hierher, Liebes.» Alex drückte mich auf eine Bank und küßte mein grünspäniges Antlitz. «Ich suche eins. Ich hab gleich eins. Ich bin gleich wieder da.»

Er rannte los.

Ich sah mich um ... Scheußlich. Um mich herum all das lächerliche Getümmel eines hochgezüchteten Touristenrummels mit seiner unechten Fröhlichkeit, seiner billigen Sensationslust, seinem aufdringlichen Kommerz. An der Balustrade klebten die Massen, entzückte, sinnlose Schreie ausstoßend über das, was sie da vor sich sahen. Und was sahen sie vor sich? Dächer, nichts als Dächer, eines schäbiger als das andere, und dazwischen ein Gebräu, das sich Fluß schimpfte. Und immer neue Massen entströmten den Reisebussen, um an die Balustrade zu stürzen oder zu den Verkaufsbuden, wo sie gräßliche meterlange Rosenkränze kauften.

Wo blieb Alex? Warum ließ er mich im Stich, jetzt wo ich ihn so notwendig brauchte? Wo suchte er das Klo, dieser Mensch, der nie etwas fand?

In dem Moment sah ich ihn aufgeregt winken. Er kam herangekeucht. «Da unten an der Straße, die nach Rom führt... Nur ein paar Meter, Liebling... Du schaffst es, ein paar Meter... Richtung Rom...»

Ich rannte nach Rom und zurück, und meine Absätze klapperten auf den Asphalt die Litanei «Es ist noch nicht zu spät, du schaffst es, es ist noch nicht zu spät...»

Und da war es, versteckt hinter Lorbeerbüschen, und es war nicht zu spät. Wenn auch fast.

Hand in Hand schlenderten wir zurück. An der Balustrade standen viele fröhliche Menschen. Auch wir stellten uns dazu, um einen Blick hinunterzuwerfen auf diese wunderbare Stadt mit ihren herrlichen alten Dächern, Kuppeln und Türmen und dem lieblichen Fluß, in dessen zauberhaft grünen Fluten sich der schönste Himmel Italiens spiegelte. Danach ging ich hin und kaufte einen dekorativen, mehrere Meter langen Rosenkranz.

Von den Spezialitäten hatte ich für diese Gegend vermerkt: *Arista alla fiorentina* (mit Knoblauch, Nelken und

Rosmarin gewürztes, gebratenes Schweinefleisch), *Fegatini di maiale* (mit Lorbeer umwickelte Schweinsleber, zwischen zwei Brotscheiben am Spieß gebraten) und *Minestrone di fagioli,* eine Bohnensuppe mit Tomaten und Sellerie. Und natürlich das berühmte toskanische Ochsenfleisch.

Nach reiflicher Überlegung und einigen guten – sehr guten! – Blicken auf die Preise der ausgehängten Speisekarten strich ich die Bohnensuppe und diese Fegatinidinger (das konnte ich daheim wahrhaftig billiger machen) und konzentrierte mich voll auf die *Arista alla fiorentina.* Leider fand ich den Namen auf keiner Speisekarte. Alex wurde schon reichlich kribbelig und wollte wissen, was um Himmels willen ich denn suchte.

Inzwischen suchte ich nur noch das Ochsenfleisch.

«Rindfleisch», murmelte ich. «Nur ein Stückchen Rindfleisch. In der Suppe gekocht ...»

Und da hingen sie, die berühmten toskanischen Ochsenkeulen. Sie sahen trotz ihrer Größe und ihrer Roheit ungemein appetitlich aus.

Alex, der Kleinmütige, hatte jedoch schon wieder Bedenken. Er meinte, das Restaurant sehe aus wie eins, wo sie einem die Teller von unten her mit Kerzen erwärmten, was den Preis von Suppenfleisch unmäßig in die Höhe treiben würde. Ich aber war schon drinnen.

Auf der Speisekarte standen zwölf verschiedene Arten von Ochsenfleisch in der Form von Steaks.

Wir bestellten zwei davon, und sie kamen und waren sehr dünn, sehr kalt, sehr roh und sehr zäh. Und sehr, sehr teuer.

Alex machte eine unverschämte Bemerkung über Frauen, die ständig mit ihrer Erfahrung angeben und dabei keine Ahnung von Tuten und Blasen haben, und danach gingen wir in die nächste Spelunke und verschlangen dort gierig jeder einen Teller Spaghetti.

Spezialitäten sind ja recht und schön, manchmal auch weniger recht und schön, aber man muß schließlich auch von was satt werden.

Und natürlich bezahlten wir in beiden Fällen für das Gedeck.

Als ich das erstemal mit diesem Thema konfrontiert wurde, war ich noch jung und naiv. «Du meinst», sagte ich damals zum zukünftigen Vater meiner zukünftigen Kinder, auch er jung und naiv, «die wollen, daß wir für die Benützung der Suppenlöffel bezahlen?»

Er nickte und meinte, es sehe ganz danach aus.

Ich schlug im Wörterbuch nach. Tatsächlich, da stand es: *coperto* – Gedeck.

«Wir wollen sie ja nicht kaufen, die Löffel!» jammerte ich. Aber es half nichts, wir bezahlten.

Bei Gelegenheit fragte ich einen italienischen Bekannten danach. Er sagte, es sei ein uralter Brauch, der noch in die Zeit zurückreiche, als illustre Gäste die goldenen Löffel ihrer Gastgeber in den geräumigen Taschen ihrer Togas mitzunehmen pflegten, was die Kosten solcher Gastmähler nicht unerheblich erhöhte. Da man die Gäste nicht gut nach gemausten Löffeln absuchen konnte, war man auf den Ausweg verfallen, automatisch einen kleinen Unkostenbeitrag zu verrechnen. Und diese reizende Tradition hat man bis heute beibehalten.

Nicht mit uns, meine Herrschaften, nicht mit uns!

Beim nächstenmal statuierte ich ein Exempel: Als die beiden Gäste am Nachbartisch mit dem Hauptgang fertig und beim Käse waren, sagte ich *permesso*, schnappte mir ihr Besteck, wusch es in der Schüssel mit dem Wasser für die Weintrauben und schob unseres demonstrativ zur Seite.

Wir bezahlten trotzdem.

Als wir dann in den folgenden Jahren zu fünft unterwegs waren und es wirklich ins Geld ging, sann ich ernstlich auf Abhilfe. Ich fand sie, indem ich unser Campingbesteck mitnahm. Flankiert von unserer Kinderschar, sprach ich wie folgt zum Kellner: «Mein Herr, Sie sehen, wir haben unser eigenes Besteck mitgebracht. Wir brauchen Ihres nicht, also räumen Sie es bitte ab, unbenützt wohlbemerkt. Wir benötigen auch Ihre Servietten nicht.» Ich wies auf die Rolle Küchenpapier, die ich auf den Tisch gestellt hatte. «Ich habe auch einen Lappen hier, sehen Sie, und damit werde ich nachher den Tisch abwischen. Also bitte, kein Gedeck auf die Rechnung setzen! *No coperto! Capito?*»

Er nickte.

«Seht ihr», sagte ich zufrieden nach seinem Abgang, «so einfach ist das. Man muß sich nur zu helfen wissen.»

Natürlich bezahlten wir trotzdem.

So einfach war das.

Ich hab noch ein Portemonnaie in Rom

Touristenbrieftaschen haben ein Ventil eingebaut, das dafür sorgt, daß sich das Geld nur in einer Richtung bewegt, nämlich hinaus. Normalerweise in stetig fließendem Strom, an einigen Orten jedoch sturzbachmäßig. In Rom zum Beispiel.

«Es ist dir doch klar», sagte mein Sohn, als ich eine bevorstehende kurze Romreise erwähnte, «daß sich die Taschendiebstähle in Rom im letzten Jahr verdoppelt haben? Paß bloß auf dein Geld auf.»

Für was hält er mich? Für eine Anfängerin? «Ich trage, wie du weißt, mein Geld nie im Portemonnaie, immer in einem Geheimfach der Handtasche.»

«Na fein, eine tolle Idee. Und was war in Palermo, als man dir den Riemen abgeschnitten hat?»

«Rom ist nicht Palermo. Dort sind sie nicht so gewalttätig.»

«Warum nimmst du nicht den Brustbeutel?»

«Weil ich nicht in Rom herumlaufen will wie ein dreihöckriges Kamel.»

Er nickte. «Würde dir ohnehin nicht viel nützen. Man schneidet dir die Schnur im Nacken ab, zieht den Beutel herauf, und weg ist er ... Kauf dir eine Geldkatze.»

«Du meinst, so einen breiten Ledergürtel mit aufgesteppten Taschen, mit dem ich aussehe wie ein Cowboy auf dem Weg zu einem Rodeo? Nein danke, dann stecke ich es lieber in den Schuh.»

«Egal wohin, aber nimm bloß keine Handtasche. Ich verstehe ohnehin nicht, wozu ihr Frauen immer mit Handtaschen durch die Gegend rennen müßt.»

Im Prinzip hat er recht. Ich könnte mir das Portemonnaie, meine Dokumente, Kosmetiksachen, Wörterbuch, Reiseführer, Taschentücher und was man sonst noch so braucht, auch in die Tasche meiner Kostümjacke stekken. Nur, fürchte ich, würde damit das kleine Ding, in dem das Spitzentüchlein steckt, ein wenig überlastet sein. Und andere Taschen weist eine weibliche Stadtgarderobe normalerweise nicht auf. Währen ein Herrensakko ungefähr ein Dutzend Taschen hat – ich wette, es gibt auch noch eine zum Unterbringen jenes Kratzers, mit dem man Pferdehufe ausgeputzt hat –, haben sich die Hersteller von Damenbekleidung noch nicht allzu viele Gedanken darüber gemacht. Für diese Herren ist die Welt immer noch eine heile, in der wir Frauen heiter – unsere Täschchen schwingend – durch die Straßen flanieren.

«Wo würdest du das Portemonnaie hintun, wenn du nach Rom fährst?» fragte ich meinen Ratgeber.

«Ich? Wieso? Dorthin, wo ich es immer habe – hierher.» Und er klopfte auf die Gesäßtasche seiner Jeans.

Ich wollte, ich hätte seine Einstellung. Es würde mein Leben sehr erleichtern. Aber ich gehöre noch zu jener Generation, der man eingebleut hat, man dürfe nie kampflos aufgeben. Von dem Moment an, in dem ich die Bank in der Via Aurelia betrat, um einen Scheck einzulösen, waren alle meine Sinne auf die bevorstehende Fehde mit dem römischen Diebsgesindel ausgerichtet.

Ich wußte, der Dieb lauerte vor der Tür auf mich, zwei Schritte von dem Polizisten mit der Maschinenpistole entfernt.

Meine Intuition sagte mir auch, wie er aussah: klein, mager, mit dem Gesicht eines Frettchens, oben links fehlte ihm ein Schneidezahn.

Ich hatte die Tasche mit dem starken Riemen quer über der Brust hängen, hielt sie mit beiden Händen umklammert und achtete darauf, daß der Reißverschluß vorne immer geschlossen war. An mir würde sich das Frettchen die Zähne ausbeißen.

Wir nahmen den 64er Bus zur Piazza Venezia, wo wir ausstiegen und wo meine Augen von dem Denkmal Victor Emanuels gefesselt wurden und ich mich fragte, wieviel diese Scheußlichkeit den Steuerzahler gekostet haben mochte, um dann an einer noch viel größeren Scheußlichkeit hängenzubleiben: dem Reißverschluß meiner Handtasche, der gute zehn Zentimeter offenstand.

Hatte das Frettchen es also doch geschafft! Ich wußte auch sofort, wo und wann: als ich beim Aussteigen aus dem Bus einen Moment lang die Tasche losgelassen hatte, um nach der Halterung zu greifen.

Meine Reisegefährtin Ingeborg war entsetzt. Wenn auch nicht ganz so entsetzt, wäre es ihre eigene Tasche gewesen. «Ist alles weg?»

«Nichts von Bedeutung, außer dem Portemonnaie – es war aus Leder –, ein paar Fahrscheinen, etwas Wechselgeld und ein paar Belegen für die Steuer.»

«Und das andere? Scheckkarte, Schecks und das Geld, das du vorhin abgehoben hast?»

«Hatte ich natürlich nicht im Portemonnaie, wo denkst du hin.»

«Ach nein?» Irrte ich mich, oder klang da nicht ein leises Bedauern mit? «Dann ist es ja gut. Aber schau trotzdem nach. Vielleicht ist es ja noch da.»

Ich lächelte. Man merkte, daß sie auf dem Gebiet keinerlei Erfahrung besaß. Eine zehn Zentimeter weit geöffnete Handtasche ist ein so sicherer Beweis für ein gestohlenes Portemonnaie wie ein roter Sonnenaufgang für einen verregneten Tag.

Nur damit sie Ruhe gab, griff ich in die Tasche. Und da lag es, das Portemonnaie. Ich brauchte bis zum Forum Romanum, um diesen Schock zu verdauen.

Wir besichtigten die alten Stätten mit aller Gründlichkeit. Lästig waren nur die Zigeunerkinder, die mit den plumpesten Tricks versuchten, uns zu beklauen. Sie wurden sehr zudringlich. Ich weiß nicht, wie die Sache ausgegangen wäre, wäre uns nicht ein distinguierter Gentleman – seinem dreiteiligen, erstklassig geschnittenen Anzug nach ein eingeborener Römer – zu Hilfe gekommen. Er verscheuchte das Pack, indem er ein paar Münzen austeilte.

Ich bedankte mich, zutiefst gerührt, mit einem *Mille grazie, Signore, molto gentile.*

Er zog seinen Hut, sagte auf italienisch: «Es war mir ein Vergnügen, meine Damen, Ihnen behilflich sein zu können» und entfernte sich mit einem feinen Lächeln um den sensiblen Mund.

Es gab also auch noch solche in dieser verlotterten Stadt.

Wo das Frettchen stecken mochte? Nun, wir würden ihm ordentlich Bewegung verschaffen. Wir hetzten es zum Kolosseum und zweimal darum herum, dann auf den Palatin, einen der sieben Hügel Roms, und weiter zum Stadion, wo wir uns erschöpft auf eine der Steinbänke plumpsen ließen und ich meine um die Handtasche verkrampften Arme lockerte.

Der Reißverschluß stand zehn Zentimeter weit offen. Und diesmal war es weg, das Portemonnaie.

Im Café, in dem wir uns von den Strapazen und dem Schock erholten, sprach ich dann aus, was mir nicht aus dem Sinn ging: «Der Kerl, der mich beklaut hat, wird ganz schön enttäuscht sein.»

Und ich sah es vor mir, das armselige Frettchen mit seiner Zahnlücke, in seiner schmierigen Stammkneipe mit dem Fusel vor sich, wie es immer wieder mein Portemonnaie befingerte und einfach nicht glauben konnte, was es da sah . . .

In Wirklichkeit war es aber wohl ein wenig anders. Wahrscheinlich so: Der distinguierte Gentleman im eleganten Dreiteiler, der galante Retter vom Forum Romanum, hat das Portemonnaie samt seinem dürftigen Inhalt vor sich auf der Marmorplatte des Kaffeehaustisches liegen. Sein ausdrucksvolles Gesicht zeigt Verbitterung, begreiflicherweise.

«Nun schau dir das an, Roberto, mein Freund, schau dir das an – nichts als lumpige Zehntausend, ein paar Fahrscheine, eine Menge Quittungen und dieses Foto . . .»

Er betrachtet es mit einem Runzeln seiner edlen Stirn: eine Gruppe von Leuten, darunter *sie,* vermutlich ein

Geburtstagsessen in festlichem Rahmen, nobles Lokal, er hat sie richtig eingeschätzt, und trotzdem – das da. Diese Pleite.

Er steckt das Foto zurück ins Portemonnaie zu den Quittungen. Den Geldschein und die Fahrkarten stopft er in die Tasche seines eleganten Sakkos.

«Hast du auch genau nachgesehen?» fragt Roberto. «Überall?»

«Natürlich. Für wen hältst du mich?»

«Und bist du auch sicher, es war die Richtige? Die von der Bank? Vielleicht warst du hinter der Falschen her?»

Darauf zu antworten, nimmt sich der Gentleman nicht die Mühe. Lächerlich. Er kennt sein Gewerbe. Ihm unterlaufen keine derart läppischen Fehler. Seine Gedanken schweifen mit Wehmut zurück zu den mühevollen Anfängen seiner Karriere, den langen Jahren beständiger Übung, und wofür das alles? Für einen lumpigen Zehntausender und fünf Busfahrscheine!

Mit wehmütigem Lächeln gießt er etwas Wasser aus der Karaffe in seinen Pernod und sieht zu, wie er sich milchig-weiß verfärbt. «Man kann sich heutzutage auf nichts mehr verlassen, mein Freund. Diese Frau zum Beispiel – nicht übertrieben angezogen, nicht protzig, aber guter Stoff, kein echter Schmuck, aber teure Schuhe, der Typ, der vorsichtig ist, aber keine Bank betritt, um einen Pappenstiel zu wechseln.» Er nippt am Pernod und füllt ihn mit Wasser auf. Ein praktisches Getränk in Notzeiten wie diesen. «Wenn es so weitergeht, sehe ich mich gezwungen, meinen Beruf aufzugeben. Weißt du, was mich das da» – er klopft auf das Portemonnaie – «gekostet hat? Die lange Wartezeit vor der Bank, Busfahrscheine, zehntausend für Paolo –»

«Wer ist Paolo?»

«Der Wachhund vor der Bank, ein Neuer, und noch einmal dasselbe für den Buschauffeur – du weißt, ich bevorzuge den 64er, er kennt mich inzwischen natürlich, das ist unvermeidlich –, weitere tausend für die Zigeunerfratzen. Dazu die Beiträge für die Gewerkschaft, den Ehrenwerten Patron und den Fonds arbeitsloser Freiberufler. Von den Nebenkosten ganz zu schweigen, allein dieser Anzug hier hat mich vierhunderttausend gekostet, neue Absätze alle sechs Wochen, teures Aftershave, der Friseur –»

Roberto nickt voller Mitgefühl. «Tipptoppes Aussehen ist in deinem Beruf oberstes Gebot.»

«Du sagst es. Aber was das kostet, heutzutage! Und dazu ständig diese Touristenhorden und immer dieselben alten Ruinen. Ich sehe sie schon im Schlaf, wenn ich überhaupt noch Schlaf finde, bei meinen Sorgen. Mehr als ein halber Tag Arbeit, und dann das da! Es reicht kaum für den Schnaps hier.»

«Noch zwei, Mario», sagt Roberto zur Theke hin und hebt sein Glas. «Ich sage dir immer wieder, Franco, mein Freund, du bist ganz einfach zu nobel. Glaub mir doch endlich, die feine Tour lohnt sich nicht mehr. Die Tasche am Riemen abgeschnitten – zack, zack! – und auf und davon damit. Basta. Du bist mit deiner Methode, verzeih mir meine Ehrlichkeit, so antiquiert wie ein Dinosaurier.»

Der Gentleman nimmt einen Schluck aus dem Glas und seufzt tief auf. «Du magst recht haben. Ich fürchte den Tag, an dem ich so weit gesunken bin, daß ich mich zur Arbeitsweise der verdammten Sizilianer erniedrigen muß. Wie du ganz richtig sagst, mein Freund, subtile

Kunstfertigkeit ist in unserem Gewerbe nicht mehr gefragt. Nur rohe Gewalt. Das kommt natürlich von all dem amerikanischen Zeug im Fernsehen ...»

Noch einmal seufzt er tief auf.

Und dabei steht ihm das Schlimmste noch bevor: Der Gang nach Hause zu Maria, seinem Weib, deren Zunge immer spitzer und deren Gekeife immer schriller wird und die ihn jetzt schon für den größten Versager zwischen den sieben Hügeln Roms hält.

Nun denn, was sein muß, muß sein ...

Er legt seine gesamte Beute, den Zehntausendlireschein, auf den Tisch, verzichtet auf das Wechselgeld, läßt das Portemonnaie in den Abfallkorb neben der Theke gleiten und entfernt sich mit traurig hängenden Schultern.

Noch ein paar wie mich, und es gibt einen schwer arbeitenden Dieb mehr in Rom, der sich gezwungen sieht, von der eleganten römischen Methode auf die verabscheuungswürdig plumpe, aber sichere sizilianische Methode umzusteigen, wenn er nicht verhungern will ...

Den Rest meines Aufenthalts drückte mich das schlechte Gewissen derart, daß ich vor jedem Essen einen Fernet zur Beruhigung meiner Magennerven brauchte. Es hielt an bis zu jenem Augenblick, wo ich in den Zug stieg und nach ein paar Minuten der Unaufmerksamkeit entsetzt feststellen mußte, daß meine Reisetasche durchwühlt worden war.

Ich wußte augenblicklich, daß meine Kamera fehlen würde.

Ich sah nach. So war es.

Der Gipfel der Frechheit war, den Dieb draußen vor der Waggontür stehen zu sehen, mich angrinsend, meine Kamera in der Hand.

Nur hier konnte er sich eine derartige Infamie erlauben, hier, wo die Polizei tatenlos dem kriminellen Treiben zuschaut, wie ich gleich feststellen sollte. Als ich schrie – begreiflicherweise außer mir: «Sie da! *Carabiniere!* Nehmen Sie diesen Mann da fest! Er hat meine Kamera gestohlen! Sehen Sie, die da, die er in der Hand hält!»

Was tat der Gauner in Uniform? Nichts. Er zuckte bloß die Achsel und wandte sich ab.

Aber nicht mit mir, Freundchen, nicht mit mir! Ich hatte die Nase voll. Ich sprang aus dem Zug, entriß dem Kerl mein Eigentum, der wohl nicht damit gerechnet hatte, daß eins seiner Opfer, noch dazu eine Frau, zur Selbsthilfe greifen würde, und so perplex war, daß er mich mit offenem Mund blöde anstierte.

Fein schaust du aus, Bürschchen, ich schick dir ein Foto zur Erinnerung!

Plötzlich kam Leben in ihn, er fing an, nach der Polizei zu brüllen, der Frechdachs, und sprang mir nach aufs Trittbrett.

Gottlob fuhr in diesem Moment der Zug an, und er mußte abspringen.

Es war zu komisch, wie der Halunke dem Zug nachlief, unverständliches Zeug brüllte und herumhopste.

Was für ein herrliches Theater! Diese Italiener – es geht ihnen nichts über eine gute Show. Darin sind sie Weltmeister, das muß man ihnen lassen.

Zärtlich verstaute ich die auf so heldenhafte Weise zurückeroberte Kamera in meiner Reisetasche, als meine

Finger an etwas Hartes stießen … Kastenförmiges … eingewickelt in meine rote Fusseljacke …

Ich habe Rom, die Ewige Stadt, von der Liste meiner zukünftigen Reiseziele gestrichen.

Möge sie ruhen in ewiger Vergessenheit.

Sand, Meer und jede Menge Sonne

Warum, so fragt man sich angesichts dieser und ähnlicher Torturen, fahren wir trotzdem immer wieder in dieses Land, das seine Gäste ausnimmt wie Weihnachtsgänse?

Warum, frage ich Sie, warum?

Ich sage Ihnen, warum: Weil dort unten die Sonne scheint, deshalb.

Nachdem man vor vielen Jahren südlich der Alpen darauf gekommen war, daß es hier was zu verkaufen gab, das im Überfluß vorhanden war, nichts kostete und auf das man selber gut verzichten konnte (und das man mit Hilfe von kompakten hölzernen Fensterläden, Strohhüten und viel Bekleidung sorgfältig von sich fernhielt), gab es im Land des immerwährenden Sonnenscheins kein Halten mehr.

«Du meinst, diese Idioten kommen zu uns nur wegen der da?» Der junge Carducci wies zum Himmel, von dem eine erbarmungslose Sonne auf seinen schwarzen Krauskopf niederknallte.

Der alte Carducci wischte sich den Schweiß von der Stirn und nickte.

«Ich kann's nicht glauben, aber wenn du es sagst, Papa ...»

Und er rannte flink hinunter zu dem Fleckchen Sand am Meer, stellte dort einen wackligen Gartentisch auf, zwei klapprige Liegestühle und einen alten Sonnenschirm, malte mit Hilfe des Wörterbuchs der Signora Mercuri die Worte

PRIVATSTRAND BENUZUNG L. 1000

auf einen Pappkarton, den er gegen den irdenen Weinkrug lehnte, zündete sich eine Zigarette an und wartete, verwundert seinen Krauskopf schüttelnd, ungeduldig auf die Verrückten aus dem Norden . . .

Der Freibadestrand war ein gottbegnadetes Fleckchen Erde: weißer Sand, blaues Meer, am Horizont ein gelbes Segel. Irgendwo dahinter Afrika.

«Und was das schönste ist», murmelte der Mann neben mir, «keine blöden Touristen, alles Einheimische.»

«Und alle hocken unter ihren Sonnenschirmen!» Ich kicherte. Es war zu komisch. Die mit ihrer Sonnenschirm-Manie. Aber so sind die Menschen. Was sie haben, können sie nicht schätzen.

Bereits nach drei Tagen wiesen unsere Körper eine herrliche Bräune auf. Wir sahen beneidenswert gesund aus. Die letzten zwanzig Jahre hatte ich nicht mehr so gesund ausgesehen. Wenn ich den Kopf hob, tanzten viele rote Sonnen vor meinen Augen. Meine Innereien, einschließlich Leber und Hirn, befanden sich in einem rapiden Schrumpfungsprozeß. Noch zwei weitere Tage dieser herrlichen Sonne, und ich war eine Mumie und konnte an jedes Völkerkundemuseum verschachert werden.

Wenn ich nicht vorher an akuter Langeweile draufging.

So war es nicht verwunderlich, daß ich mich nach einigen Stunden ausgiebigen Sonnenbadens mühsam aufrappelte und hin zu jenem Teil des Strandes wankte, wo sich die blöden Touristen aufhielten, und mich dort, wo ich eine Menschenschlange stehen sah, am hinteren Ende derselben aufstellte.

Langsam rückte ich dem Geschehen näher, und dann stand ich unmittelbar davor. Ich erblickte einen Korb auf einem Campingtisch und in dem Korb, hingestreckt auf einem Seidenpolster, eine Siamkatze. Ein süßes Geschöpf.

Ich konnte der Versuchung nicht widerstehen; auf das allersanfteste strichen meine Finger über das weiche Fell.

Jemand klopfte mir auf die Schulter.

Es war ein Italiener mit ausgeprägter Hakennase. Er wies auf den Pappkarton, der mit Reißnägeln am Korb befestigt war. Darauf stand:

LIEBKOSEN 30 sec. – L. 1000
AUFHEBEN 30 sec. – L. 2000
KINDER UNTER 5 HALBER PREIS

Fieberhaft durchsuchte ich meinen Badeanzug nach tausend Lire, natürlich vergeblich.

«Einmal nur, Geld später», flehte ich.

Ich bin sicher, die Hakennase hätte nichts dagegen gehabt, aber der dicke Drache, der neben dem Korb saß und kassierte, schnauzte mich bissig an: «No. Nix Geld, nix Katze!»

Die nachrückende Menge schob mich nach hinten ab, wo ich auf meinen Gefährten stieß, der nachschauen kam, was ich machte, dieser mißtrauische Mensch. Aber im Moment kam er mir gelegen.

«Gib mir tausend Lire. Schnell», sagte ich, zu aufgeregt für lapidare Höflichkeitsfloskeln.

«Wozu?»

«Frag nicht, gib schon.»

«Wenn du was trinken willst, komm ich mit. Der Kiosk ist dort drüben.»

«Wer sagt was von Trinken! Ich brauch's zum Katzenstreicheln.»

«Für was?»

«Hast du mir was Besseres zu bieten? Na also. Himmel, mach schon. Sonst komm ich nie dran.»

Letzteres war nicht übertrieben. Eine erstaunliche Menge hatte sich versammelt, alle wollten die Katze streicheln. Wer vierzehn Tage hintereinander nichts zu tun gehabt hat als *dolce far niente,* ist für kleine Abwechslungen dankbar.

Um ehrlich zu sein, ich hätte einen Alligator gestreichelt und dafür bezahlt.

Es war himmlisch. Das Fell der Göttlichen war sagenhaft weich. Das Weichste vom Weichen. Es erinnerte mich an Hasenfell. Die Hakennase sah auf die Uhr.

«*Trenta secondi.* Aus, Frau!»

Ich seufzte.

Und gerade als ich mich abwenden wollte – abwenden mußte! – geschah es: Die Göttliche richtete ihre himmelblauen Augen direkt und ohne Umschweife auf mich, erhob sich, streckte sich auf das allerzierlichste und sprang graziös zu Boden.

Ich stand da wie gelähmt.

Der Star schritt auf mich zu. Das Geplapper ringsum verstummte. Ich hörte zu atmen auf. Nußbraune Samtpfötchen umfaßten spielerisch mein linkes Bein, und dann biß mich der süße kleine Schelm etwa zehn Zentimeter unterm Knie zärtlich ins Bein.

Es war wie ein Küßchen.

Durch die Menge ging ein Aufstöhnen.

An die folgenden Minuten erinnere ich mich nur noch unklar. Ich weiß nur so viel, daß ich mir die Brieftasche meines Gefährten schnappte.

Vom Campanile her läuteten die Mittagsglocken, als sich der Besitzer der Brieftasche, dieser kleinliche Mensch, auf mich stürzte und mich gewaltsam von meinem Miezekätzchen trennte, wobei er mit unartikulierter Stimme häßliche Worte wie «verdammtes Katzenvieh» und «tollwütig gewordene Verschwenderin» keuchte . . .

Zurück bei unseren Liegestühlen wartete ich, bis er schlief, dann steckte ich ein Scheinchen ein und schlenderte zum Korb. Mein Liebling hielt seine Siesta. Der dicke Drache war nicht da, vermutlich heimgegangen, um die Pasta zu kochen. Die Hakennase schenkte sich gerade Wein ein.

«Ich habe auch eine Siamkatze gehabt», sagte ich, in meinem besten Italienisch, flüsternd, um den Star nicht in seiner wohlverdienten Ruhe zu stören. «Sie ist leider tot. Unters Auto gekommen, während wir auf Urlaub waren und meine Großmutter die Katze hütete.»

Langsam trudelte wieder Kundschaft ein. Die Hakennase – es war eher eine ausdrucksvolle Römernase – reichte mir einen Becher Wein mit einem *Salute, Signora* und einem Blick in meine Augen, der Verständnis und

Mitgefühl ausdrückte. Sodann berichtete er den Umstehenden, die wunderschöne Siamkatze der wunderschönen *Signora* hier vertrüge das Autofahren nicht, deshalb hätte man sie daheimlassen müssen in der Obhut ihrer Großmutter, die den kleinen Liebling hüte wie ihren Augapfel.

Es bedurfte einiger Anstrengung, um das babylonische Mißverständnis aufzuklären.

Ein trauriges Gemurmel stieg daraufhin aus der Menge empor. Einige der Frauen, Italienerinnen vermutlich, verhüllten ihr Haar mit Taschentüchern. Der reizende Mann mit dem ausdrucksvollen Römerprofil legte mir das aus seinem Schlummer geweckte Tierchen in die Arme.

Ich flüsterte verlegen, ich hätte leider nicht genug Geld bei mir zum Aufheben, es lange gerade noch für dreißig Sekunden Liebkosen.

«*No, no, no!*» rief da der gute Mann. «Nix *pagare,* Frau! Arme Frau von totes Katzele!» Und tröstend legte er seinen braungebrannten, muskulösen Arm um meine Schultern, wobei es schierer Zufall und nicht ein Funken Absicht war, daß seine Finger meinen Busen streiften . . .

«Es ist doch so – das Beste im Leben erhält man immer umsonst», meinte ich an diesem Abend, als mein Gefährte und ich in trauter Zweisamkeit auf unserer gemeinsamen Luftmatratze ruhten.

«Umsonst! Daß ich nicht lache!» Der Neandertaler an meiner Seite lachte grimmig auf. «Ein Italiener tut nichts umsonst!» Und dann stritten wir, und am nächsten Tag fuhren wir heim.

Obwohl es noch für einige Portionen Nudeln mit Tomatensauce gereicht hätte, sowie etliche Streicheleinheiten!

Die Frau, die neben mir den Ständer mit den Badeanzügen durchsah, sagte: «Was haben denn die für Modelle? Barbiepuppen?» Schließlich ging sie mit sechs Stück in die Umkleidekabine, kam nach langer Zeit wieder heraus, sagte zur Verkäuferin: «Sechs zurück» und ging.

Ich traf sie in der Abteilung für Feriensonderangebote wieder. Sie sagte gerade: «Streichen Sie meine Reservierung für ‹Badefreuden an der Costa del Sol›. Ich nehme statt dessen die Campingtour durch Island.»

«Nicht, daß ich den alten Zeiten nachtrauere», meinte Flo mit einem Seufzer, «aber wenn ich Bilder wie die da sehe, wünsche ich mir, ich wäre hundert Jahre früher auf die Welt gekommen.» Im Fernsehen lief ein Stummfilm, in dem vom Hals bis an die Knöchel bekleidete Damen in lustigen Kabinen ins Wasser gezogen wurden und die Herren sie erst wieder zu Gesicht kriegten, als sie frisch onduliert wieder im Korsett steckten. «Da blieb noch alles der Phantasie überlassen. Aber heute ... in einem Badeanzug, der unten herum bis zu den Achselhöhlen ausgeschnitten ist, was haben wir da schon zu bieten? Nichts als nackte Tatsachen, und die sind, geben wir's ruhig zu, nicht die allerschönsten.»

«Noch haben wir unsere inneren Werte», sagte ich.

«Innere Werte! Machst du Witze? Suchst du vielleicht in einem lumpigen Müllsack nach Goldmünzen?» Ihr Gesicht hellte sich auf. «Hast du's schon gehört? Irene ist dieses Jahr das letztemal auf ihrer tollen Südseeinsel gewesen.»

Ich hatte. So was spricht sich schnell herum. Vor einigen Jahren dachte die gute Irene schon, sie hätte dort unten das Paradies entdeckt. Damals kam sie leuchtenden Auges und mit mindestens fünf Kilo zusätzlichem Speck auf den Hüften von ihrem Südseeurlaub zurück. Sie war halb im Delirium vor Glück.

«Es war wunderbar. Traumhaft. Kolossal...» Herzhaft hatte sie in ein fingerdick bestrichenes Butterbrot gebissen. «Endlich einmal ein Urlaub, in dem ich essen konnte, was und soviel ich wollte! Jede Menge von gebratenen Schweinchen, Berge von Süßkartoffeln dazu, mit Eis und Sahne gefüllte Papayas... Keine Minute habe ich mich damit abgeplagt, am Strand den Bauch einzuziehen.»

Was sie am meisten entzückte, war, daß die gesamte männliche Jugend hinter ihr her war und ihr wunderbare Sachen nachrief, wie: «Oh, du herrliche mondgesichtige Götterspeise, laß mich deine prallen Zuckermelonen grabschen!»

Sie fuhr danach noch zwei- oder dreimal hin. Dieses Jahr allerdings kehrte sie, wie gesagt, schwer enttäuscht zurück und unterzog sich gleich danach einer dreiwöchigen Abmagerungskur.

Man hatte auf der Insel das Fernsehen eingeführt. Und seit diese bis dahin so herrlich unverdorbenen Naturkinder die Bacardi-Reklame zu sehen kriegten, waren sie nicht mehr dieselben.

Wenn diese Schnapsproduzenten sich einbilden, sie bräuchten bloß einer mit Ultrabraun beschmierten Hopfenstange in 36er Größe einen Bikini anzuziehen, der aus einem Schnürchen besteht, ihr ein Glas in die Hand zu drücken, in dem Eiswürfel klimpern, einen jungen Muskelprotz hinter ihr herzujagen, und sie verführten damit mich, eine Frau mit ehrlich erworbenen Speckfalten und Schwangerschaftsstreifen, zum Rumtrinken, dann haben sie sich gewaltig getäuscht.

Traurig, aber wahr: Je älter man selber wird und je verflossener die Formen, desto jünger und dünner werden die übrigen Strandbesucher. Und man fragt sich angesichts dessen: Wo zum Kuckuck bleiben die anderen? Die, die sie aus dem Bild scheuchen, wenn sie ihren blöden Werbespot drehen?

Letzten Dezember war ich auf Gran Canaria.

Jetzt weiß ich, wo die anderen bleiben. Dort, in den Dünen von Maspalomas.

Beflügelt von dem Song «Am Strand von Maspalomas, in Gran Canaaaria», den wir im Gratisbus mehrere Male zu hören kriegten, da durch begeistertes Klatschen und Rufen immer wieder Draufgaben verlangt worden waren, schlenderten wir den Strand entlang, als uns der erste entgegenkam: nackt bis auf Joggingschuhe und einen kleinen Plastikköcher um den Hals, in dem er wohl seine Peseten aufbewahrte.

Dem einen Nackten folgten andere, und schließlich waren es so viele, daß ich mir in meinem Bikiniunterteil so overdressed vorkam wie eine Frau im Abendkleid auf einer Tupperwareparty.

Die, die nicht gerade einen Strandspaziergang machten oder in den Dünen herumstakten, sonnten sich hinter halbkreisförmigen Steinmäuerchen. Auch wir zogen uns hinter ein solches zurück, um uns dort, noch etwas verschämt, unserer letzten Hüllen zu entledigen.

Um uns herum ging es zu wie in einer Murmeltierkolonie kurz vor dem Winterschlaf, zu einem Zeitpunkt also, da sich diese Tierchen den überlebensnotwendigen Speck angefressen haben. Die hier allerdings waren ihres Pelzes entledigt, und ihre Häute schimmerten in allen Schattierungen, von Persilweiß über Zinnoberrot bis hin zu jenem beneidenswerten Braun, das sonst nur mit Teerarbeiten beschäftigte Straßenarbeiter zustande bringen.

«Wer all diese Mäuerchen wohl gebaut hat?» murmelte Alex faul unter seinem übers Gesicht gezogenen Hut hervor. Denn daß sie nicht von allein aus dem Wüstensand gewachsen waren, war uns klar.

Wir sollten es bald erfahren. Das Scheppern von Steinen weckte uns aus dem Schlummer: Rund um uns herrschte eifrige Bautätigkeit, ausgeführt von splitternackten Männlein und Weiblein, und legte Zeugnis ab von Germanenfleiß und -gründlichkeit und einer paradiesischen Ungeniertheit.

Nur eines trübte das Glück der Häuslebauer: Es war nicht möglich, rund um ihr Heim einen Zaun zu ziehen und eine Tafel mit den Worten: «Privat, betreten verboten» aufzustellen.

Das einzige, was *mein* Glück dort ein wenig trübte, waren die hohen Wellen. Ich warf bloß einen Blick darauf und sagte sehr entschieden: «Hier bringen mich keine zehn Pferde ins Wasser!»

«Unsinn. Sie gehen dir kaum bis zum Knie», sagte Alex.

«Ja. Wenn man *steht*», sagte ich.

Ich wußte genau, wie es kommen würde. Das Meer mag ein sanftes Gekräusel sein, solange ich nicht drin bin. Kaum jedoch stehe ich da, zwei Meter vom Ufer entfernt, hebt sich draußen am Horizont das Gekräusel, kommt rasch näher, wächst und wächst, bis es turmhoch ist und – bevor ich flüchten kann – vor meiner Nase überkippt, mich unter Tonnen von ekligem Salzwasser begräbt und wie eine tote Qualle ans Ufer spült.

«Erzähl mir doch nichts», sagte Alex. «Du hast bloß Angst, daß deine Haare naß werden.»

Na und?

Hätte die Evolution vorgehabt, uns ins Meer zurückzuschicken, würde sie längst dafür gesorgt haben, daß wir Schwimmhäute entwickeln und Haare in nassem Zustand nicht aussehen wie Sauerkraut.

Nicht, daß ich eine Zimperliese wäre. Aber ein nasser Kopf beim Schwimmen passiert mir nicht oft. Das andere Mal war es, als im Schwimmbad direkt vor meiner Nase ein weibliches Trampeltier vom Beckenrand sprang.

Ich ging heim, schmolz die alten Kerzenstummel ein, formte aus dem Wachs eine Puppe, in die ich Nadeln stach und dabei die Beschwörung murmelte: «O Manitu, erhöre mich und laß sie einen ordentlichen Fußpilz kriegen!»

Ich sah zu dem Pärchen hin, das am einsamen Strand weit draußen auf den Klippen hockte, nickte weise und sagte: «Deutsche.»

Nach Jahren scharfer Beobachtung erkenne ich die verschiedenen Nationalitäten heute an der Wahl des Badeplatzes:

Der Deutsche, allen Widerwärtigkeiten zum Trotz immer noch ein unheilbarer Romantiker, marschiert – wenn es sein muß auf allen vieren und mit heraushängender Zunge – zu einem zehn Kilometer entfernten Strand, weil dort zwei Pinien stehen und ein kleiner Fels ach so lieblich aus dem Wasser ragt.

Der Österreicher sagt zufrieden: «Kinder, da bleib ma», sobald er neben dem Wasser ein Wirtshausschild entdeckt.

Der Südländer haut sich auf den nächsten von Abfällen umgebenen, algenbedeckten Betonblock – sofern der Abstand zur Kühlerhaube seines Wagens nicht mehr als zwanzig Meter beträgt.

Und alle zusammen sind heilfroh, wenn sie überhaupt noch ein Fleckchen finden, wo sie ins Wasser gehen können, ohne dabei einem Mitmenschen auf den Bauch zu treten.

Ich kenne einen Schlaufuchs, der kauft seit geraumer Zeit eifrig Seegrundstücke im nördlichen Schottland auf und wartet auf die große Klimaänderung . . .

Daß die Welt zusehends enger wird, merkt man nirgends deutlicher als auf der Suche nach einem Plätzchen zum Baden.

«Meinst du, da ging's?»

«Möglich. Aber hier kann ich nicht halten.»

Man fährt also noch ein paar Kilometer weiter, bis es gelingt, das Auto in eine winzige Ausbuchtung zu quetschen. Die Küste hier ist sehr steil, wenn auch malerisch, und das Meer sehr weit unten am Fuß mächtig langer Olivenhaine, die oben an der Straße von Zäunen mit Gittertürchen versperrt sind.

Nein, hier geht es wohl auch nicht.

Während der Weiterfahrt in der von kostenloser Sonnenenergie aufgeladenen Sardinenbüchse zuckt kurz vor dem Hitzschlag der Name «Lerici» durch dein Hirn:

ein Fischerdörfchen, von dem die Kunde geht, daß der Dichter Percy Bysshe Shelley es einst mit einem Segelboot verließ und bis heute nicht zurückgekehrt ist. Vermutlich sucht er immer noch nach einem Badeplätzchen.

Auch ihr sucht dort eins. Ein kleiner Strand ist vorhanden. Ein sehr kleiner mit sehr vielen Leuten. Dazu seid ihr wahrhaftig nicht so viele Kilometer weit gefahren!

«Man könnte von den Felsen dort ins Meer springen», meint dein Mann. Aber eine genauere Inspektion zeigt Massen von Seeigeln. Nein, da bringt dich niemand ins Wasser!

Aber sorge dich nicht. Noch liegt alles vor euch, das ganze Paradies. Hör dir bloß diese Namen an: Marina di Carrara, Marina di Massa, Marina di Pietrasante... Köstlich. Und *marina* heißt Meer- oder Seeküste. Na also.

Und wirklich fahrt ihr während der nächsten Stunden an sehr viel *marina* vorbei. Doch leider liegt sie gut verwahrt vor dem Zugriff ordinären Straßenvolks wie euch hinter Zäunen, Villen und Hotels.

Das ist bedauerlich, aber keine Katastrophe. Denn ihr werdet euch jetzt ohnehin in einem hübschen Hotel einquartieren, und zu diesem wird natürlich ein Strand gehören. Das ist hier bei allen Hotels so. Zumindest bei den besseren...

«Das sind die mit den Markisen über dem Eingang», sagt dein Onkel Alfons, ein vielgereister Globetrotter, als du ihm nach der Rückkehr von eurem Abenteuer berichtest. «Je länger die Markise, desto besser das Hotel. Reicht sie bis an den Straßenrand, ist es *first class*.»

First class muß es nicht unbedingt sein, aber etwas Besseres schon. Wenn ihr auch nicht in Geld schwimmt, so verlangt es dich doch nach ein wenig Luxus dann und wann, in gewissen Situationen. Und das hier ist eine solche. In einer Gegend mit dem Zusatz «Riviera» kommt das Verlangen nach ein wenig Luxus ganz automatisch.

Das San Carlo besitzt eine Markise, wenn auch nicht bis zum Straßenrand.

Von eurem Zimmer aus seht ihr das Meer. Die Riviera della Versilia.

Einem Bad in derselben steht nun nichts mehr im Wege. Allerdings ist es heute schon ein wenig spät dafür. Ihr setzt den großen Moment für morgen früh fest.

Frohgemut schlendert ihr am Morgen zu jenem Strand, der dem San Carlo gegenüberliegt. Er heißt Sergio.

Ihr schlängelt euch zwischen den säuberlich in Reih und Glied aufgestellten Liegestühlen durch bis zum Wasser, schlüpft aus den Kleidern, legt sie zu einem ordentlichen Häufchen geschichtet in den Sand und rennt dem Wasser zu.

«*Scusi!*» schreit jemand hinter euch.

Ihr dreht euch um. Es ist ein junger Mann in einem gestreiften T-Shirt.

Was kümmert er euch? Ihr setzt euren Weg fort. Er feuert einen Schwall Italienisch gegen eure Hinterteile ab.

«War's ein langer Lulatsch mit verheerendem Schlurf und ohne Kinn?» will Onkel Alfons wissen.

Du schüttelst den Kopf.

«Dann war's nicht Sergio. Ein Kleiner mit O-Beinen?»

«Auch nicht. Es war ein Bursche mit einem Brustkorb wie ein Kleiderschrank. Und einer Menge Haare drauf. Braungebrannt. Sah nicht übel aus.»

«A ja», sagt Onkel Alfons. «Kenn ich. Die ‹Ideale Besetzung›.»

«Die ideale was?»

«Besetzung. So nennt man ihn dort. Ein Typ, von dem man in einem Film automatisch denkt, er wäre die ideale Besetzung. Penetrant männlich . . .»

Was ihr hier erlebt, ist jedoch kein Film, sondern die Wirklichkeit.

Warum solltet ihr hier nicht baden, begehrt ihr auf. Euer Hotel steht gleich da hinten, das San Carlo, Sie sehen, ja? Und ihr strebt weiter dem Wasser zu, zielbewußt wie zwei eben dem Ei entschlüpfte Wasserschildkrötchen.

Aber ihr werdet die «Ideale Besetzung» nicht los.

Es kommt zu einem hitzigen Disput. Von ihm aus könnt ihr baden, wo ihr wollt, keift der unsympathische Mensch, aber nicht hier, nicht an seinem Strand. Der ist privat.

Als er anfängt, nach der Polizei zu schreien, nehmt ihr euer trauriges Kleiderhäufchen auf den Arm und trollt euch. Ihr geht den Strand entlang vorbei an hunderttausend Liegestühlen, die alle schön leserlich hübsche Hotelnamen tragen, aber «San Carlo» steht auf keinem drauf.

Ihr geht zurück ins Hotel, erkundigt euch, wo der dazugehörige Strand sei, und hört, was ihr ohnehin schon vermutet habt: Das San Carlo hat, verflucht sei es, keinen eigenen Strand.

Aber jetzt aufzugeben wäre eine Schande.

Am Abend, im Bett, entwickelt ihr euren Schlachtplan . . .

Am nächsten Morgen, nach dem Frühstück, zieht ihr

euch in den Hotelgarten zurück, entledigt euch der Kleider, legt diese auf einen der Gartenstühle und stellt eure Schuhe darunter.

Nun tragt ihr nichts mehr am Leib als eure Badesachen. Darauf ist euer listiger Plan aufgebaut: Ihr dürft euch in nichts von den legitimen Liegestuhlbenützern unterscheiden.

Als Basislager wählt ihr ein Bad namens Christina, vor allem deshalb, weil es weit genug vom schrecklichen Sergio entfernt ist. Nonchalant – nur jetzt keine Nervosität zeigen! – schlendert ihr durchs Türchen und an den Kabinen vorbei.

Es gibt keine Kasse, das habt ihr schon ausgekundschaftet. Alles ist hier sehr privat, sehr intim. Alle an der Riviera haben einen privaten Strand, nur das San Carlo nicht, doppelt verflucht sei es.

Aber das ist jetzt egal. Ihr steht knapp vor dem Ziel.

Ihr geht am Zerberus in seinem gestreiften Leibchen vorüber und zwischen den Liegestühlen durch, wobei ihr ein unangenehmes Ziehen im Kreuz verspürt. Als ziele jemand von hinten mit einer Pistole auf euch.

Aber haltet durch, nur noch ein paar Meter, haltet durch, ihr tapferen Krieger, gleich ... gleich habt ihr es geschafft.

Da. Das Meer. Die Riviera. Della Versilia. Das kostbare Naß, eines der kostbarsten Nasse der Welt, umspült eure Fesseln ... eure Hüften ... wiegt euch sanft an seinem Busen ...

«Ah, phantastisch ... kolossal ... wunderbar ... diese Wärme. Diese Bläue ... Hast du je was Blaueres gesehen? Ich hoffe bloß, es klaut uns inzwischen keiner die Kleider ...»

Du sagst dem Kleinmütigen an deiner Seite, er solle sich keine Sorgen machen um ungelegte Eier und lieber genießen, genießen und nochmals genießen. Man muß die Feste feiern, wie sie fallen.

Besonders wenn sie sich so hartnäckig weigerten zu fallen wie dieses.

Beflügelt von diesem Sieg schwörst du dir hoch und heilig, noch an diesem Tag endlich die dreißig Ansichtskarten zu schreiben, die du seit Genua mit dir herumschleppst und die du eigentlich schon am ersten Tag schreiben wolltest, um danach deinen Urlaub in Ruhe genießen zu können . . .

Diesmal schreibe ich die Ansichtskarten am ersten Tag!

Eine von mir durchgeführte repräsentative Umfrage brachte folgendes Ergebnis: Fünfundsiebzig Prozent der Befragten (vier Personen) gaben unumwunden zu, daß über jedem ihrer Urlaube das Schreckgespenst «Ansichtskartenschreiben» hänge. Fünfzig Prozent der Befragten (drei Personen) schreiben sie regelmäßig am vorletzten Tag. Sie kommen bei den Lieben zu Hause an, wenn diese schon Mühe haben, sich daran zu erinnern, daß der Absender auf Urlaub gewesen ist.

«Sag ehrlich», fragte ich meine Freundin Gisi, die neben mir am Kaffeehaustisch eifrig ihre Karten vollkritzelte, «freust du dich darüber, eine Karte mit Palmen vor einem Sonnenuntergang zu kriegen, während du im Büro alle fünf Minuten in ein Kleenex niest und Hundesteuer berechnest?»

Sie sagte, ohne mit dem Schreiben aufzuhören: «Aber ja. Ich freue mich über jede Karte.»

Bei jeder anderen hätte ich es für glatte Heuchelei gehalten, nicht jedoch bei ihr, dieser ehrlichen Haut. Es gab mir zu denken und hätte mich beinahe so weit gebracht, unverzüglich mit der Kartenschreiberei anzufangen, wenn sich mir nicht just in dem Moment schwerwiegende Fragen aufgedrängt hätten, wie: Wie lange braucht ein blau verfärbter Zehennagel zum Auswachsen? und: Warum zwingt man dich im Urlaub, dich kurz vor Mitternacht mit unverdaulichem Zeug vollzustopfen, wenn du normalerweise abends nichts Schwereres verträgst als eine Haferflockensuppe?, um dann zum Kern der Sache vorzustoßen: Warum bist du überhaupt weggefahren? Warum bist du nicht daheim geblieben?

Wärst du daheim geblieben, bräuchtest du jetzt keine Ansichtskarten zu schreiben.

Und dann denke ich über ein Synonym für das häßliche Wort «bräuchtest» nach, was mich für weitere fünf Minuten der Notwendigkeit enthebt, mit dem Schreiben anzufangen.

Als ich auch damit fertig bin, ohne zu einem befriedigenden Ergebnis gekommen zu sein, sinne ich darüber nach, ob sich diejenigen, denen ich eine Karte schreibe, darüber freuen, und komme zu dem Schluß: Warum, zum Kuckuck, sollte sich eine Frau mit klarem Verstand und ohne masochistische Neigungen darüber freuen, von mir zu hören, daß ich auf der Promenade von Ascona sitze, während sie sich gerade beim Fensterputzen das Kreuz verrenkt? Dabei sehe ich Hanna vor mir, wie sie mit steifen Knien vom Schemel steigt, in den Haufen zerknülltes Zeitungspapier hinein, das sie zum Nachpolieren verwendet hat, nach der gerade angekommenen Ansichtskarte greift, sie flüchtig liest und verdrossen murmelt: «Einmal möchte ich erleben, daß eine schreibt: ‹Es regnet seit Tagen, das Essen ist miserabel, mein Mann betrinkt sich jeden Abend an der Bar, und ich habe mir einen Stiftzahn ausgebissen› und vorne drauf sieht man ihr Hotel mit einer Baustelle daneben.»

Und dann wirft sie die Karte mitsamt dem Reklamezeug in den Karton mit dem Altpapier.

Und dafür soll ich meine kostbare Urlaubszeit verplempern? frage ich mich. Und ich kenne auch die Antwort.

Jawohl, ich soll, ich muß, ich werde es tun. Wenn ich es nur schon getan hätte . . .

Gisi leckt die letzte Marke ab, klebt sie auf und sagt mit wohligem Seufzen: «So, ich bin fertig. Von mir aus können wir gehen.»

Ich packe Karten, Marken, Kuli und meinen zerfledderten Adressenzettel ein, und wir gehen zum nächsten Briefkasten, wo Frau Übereifrig ihre zwei Dutzend Karten einwirft und mich dasselbe Gefühl beschleicht wie beim Zahnarzt, wenn jemand aus dem Sprechzimmer kommt, den Mantel anzieht und geht: blanker Haß.

Einer der wenigen wirklich glücklichen Augenblicke nach meiner Scheidung war der, als ich *seine* Verwandten aus meinem Adreßbüchlein strich.

Als ich einmal einer flüchtigen Bekannten gegenüber – die ich für geschieden oder verwitwet gehalten hatte – das leidige Thema anschnitt, sagte sie: «Ich habe meinen Mann im letzten Urlaub, den wir gemeinsam verbrachten, gezwungen, so lange am Wirtshaustisch sitzen zu bleiben, bis die einzige Karte, jawohl, die einzige Karte, die er zu schreiben hatte – die an seine Mutter –, geschrieben war.»

«Ja, und?»

«Er schrieb die Adresse, dann stierte er eine halbe Stunde die Karte an, dann sagte er, er müsse auf die Toilette.»

«Ja, ja, und weiter?» fragte ich.

«Seit dem Tag ist er verschwunden.»

So ganz nehme ich ihr das freilich nicht ab. Aber es trifft den Kern der Sache ziemlich gut.

Katzenfüttern verboten

Als wir das Gepäck vor der Tür unserer Bungalowhälfte abstellten, erschien auf der anderen Seite der Hibiskushecke eine sympathische Frau in mittleren Jahren und stellte sich als unsere Feriennachbarin vor. Wir wechselten ein paar Worte über das Wetter und kamen dann auf das Quartier zu sprechen. «Es ist wirklich alles in bester Ordnung», sagte die Frau von nebenan. «Ruhig, sauber, nette Leute. Das einzig Dumme ist nur, daß man nachts die Fenster nicht aufmachen kann.»

«Sie meinen, es gibt hier Diebe?»

Sie lächelte. «Aber nein, wo denken Sie hin. Hier im Palmenhain wohnen nur solide deutsche Gäste, und wir haben auch einen Nachtwächter. Nein, nein, es ist wegen der Katzen.»

Tatsächlich fiel mir jetzt die Schmutzspur auf, die vom Rasen hinauf zum Schlafzimmerfenster führte.

«Sie springen durchs Fenster aufs Bett und stehlen wie die Raben. Eine Plage . . .»

Nun habe ich nichts gegen Katzen, sehr wohl aber etwas gegen solche, die ich nicht kenne und die mir in der Nacht auf den Bauch hüpfen.

Alex machte sich, gleich nachdem er in seine Urlaubsshorts geschlüpft war, an die Arbeit. Ich muß gestehen, ich war etwas skeptisch, aber das Ergebnis zerstreute meine Zweifel: Im Nu hatte er mit Schnur alle Fenster so festgemacht, daß zwar Luft hereinkommen konnte, nicht jedoch eine Katze. Und damit konnte unser Urlaub unbeschwert beginnen . . .

Daß streunende Katzen in diesem Land eine ziemliche Plage sein mußten, bewies die Tafel am Zaun unserer Feriensiedlung. «Katzenfüttern ist in dieser Anlage verboten» hieß es da auf deutsch.

Ich nickte. «Sehr vernünftig. Man kennt das ja – da nehmen die Leute, meistens ältere Frauen, die ihren übertriebenen Pflegeinstinkt nicht mehr an den Kindern abreagieren können, Essensreste mit, sie räumen sogar fremde Tische ab. Und dann liegen die Reste der Reste und das schmutzige Papier in der Gegend herum und ziehen die Ratten an. Und die armen Katzen vermehren sich noch schneller und müssen dann vergiftet werden oder landen als Hasenbraten in der –»

«Mein Gott, bist du fies», sagte Alex. «Du weißt, wie gern ich Hasenbraten esse, besonders in Weinsauce mit Knödel.»

«Auf alle Fälle ist so eine Tafel eine gute Idee», sagte ich.

«Unbedingt», sagte er.

Gesehen hatten wir in unserer hübschen Siedlung zwar bis jetzt noch keine Katze, wohl aber gehört: ein mißstimmiges Wehgeschrei, mit dem das Vieh seine Runden zwischen den Häusern zu ziehen pflegte.

In der Nacht schlief ich schlecht, trotz der katzengesicherten Fenster. Ich wußte, sie würden versuchen einzusteigen, und horchte ständig auf das Scharren kleiner Pfoten an der Mauer . . .

In der Morgendämmerung machte das Klageweib wieder seine Runde. «Ich tippe auf ein neurotisches altes Weibchen, das nicht viel Gutes im Leben erfahren hat und dem jetzt das ständige Klagen zum Selbstzweck geworden ist», sagte ich. «Außerdem tippe ich auf einen geknickten Schwanz und scheußlich ausgefranste Ohren.»

Alex installierte sein Katzensicherungssystem auch bei unserer Nachbarin, die sich sehr dankbar zeigte.

In der darauffolgenden Nacht erwachte ich mit dem untrüglichen Gefühl, nicht allein im Bett zu sein. Und so war es. An meinen Rücken geschmiegt lag da etwas eindeutig Pelziges, das sich auch noch erdreistete, laut zu schnurren, als meine suchenden Finger darübertasteten.

Ich bewahrte einen kühlen Kopf, wie meistens in kritischen Situationen, und beschloß, keinen Aufstand zu machen, das freche Katzenvieh einstweilen zu vergessen und weiterzuschlafen.

Am Morgen war es weg.

Die nächste Nacht war ich natürlich auf der Hut. Diesmal würde ich dem Frechling die Leviten lesen. Er mußte den Braten gerochen haben und kam nicht.

«Ich habe dir nichts davon erzählt, um dich nicht zu beunruhigen», sagte ich, gleich nachdem ich die Augen aufschlug, «aber gestern ist eine Katze eingestiegen. Du wirst die Sicherung enger stellen müssen. Das Vieh muß einen sehr schmalen Kopf haben.» Ich drehte mich nach dem anderen Bett um, und was da neben Alex' Stoppelkinn auf dem Kissen ruhte, war tatsächlich ein sehr schmaler Katzenkopf.

Alex genierte sich nicht, grinsend zu behaupten: «Ah, schau her, wen haben wir denn da? So ein freches kleines

Ding, sich einfach in mein Bett zu schmuggeln! Dir werde ich's aber zeigen . . .»

Ich verzichtete auf eine Bemerkung und ging unter die Dusche.

Als ich aus dem Bad kam, stand auf dem Boden neben der Anrichte ein Tellerchen mit Milch, aus dem das häßlichste Katzenvieh, das ich je gesehen hatte, sabbernd schleckte: mager, staubgraues Fell, kurzhaarig wie ein Maulwurf und noch dazu ein gräßlicher Stummelschwanz.

«Weißt du, was du bist?» sagte ich zu Alex. «Ein Mensch ohne Prinzipien. Jedes weibliche Wesen kann dich um den Finger wickeln. Sogar eine derart häßliche Kreatur wie die da. Ich schäme mich für dich.»

Wir sprachen an jenem Tag nicht mehr viel miteinander, außer dann beim Abendessen, als wir das Corned beef probierten. «Pfui Teufel. Das ist ungenießbar. Ein Volk, das so was ißt, muß schon eine sehr bescheidene Eßkultur haben.»

Alex gab mir recht. Auch er fand das Zeug ungenießbar. «Am besten, wir werfen es weg.»

«Warte», sagte ich. «Wegwerfen können wir es immer noch.» Ein Mensch wie ich, der in den Nachkriegsjahren aufgewachsen ist, wirft nur sehr ungern etwas Eßbares weg, auch wenn es faktisch ungenießbar ist.

Ich wartete, bis Alex im Bad war, dann tat ich einen Teil des Corned beef auf ein Tellerchen, das ich unter die Hibiskushecke stellte. Für die Ameisen.

In dieser Nacht, in der ich nur so vor mich hin döste, hörte ich es vom Nachbarbett her murmeln: «Ich möchte wissen, warum sie heute nicht kommt . . .»

«Ich kann dir sagen, warum nicht», sagte ich aufgebracht. «Irgend so ein verantwortungsloses Individuum wird das Vieh heimlich füttern.»

«Womöglich kaufen sie für den charakterlosen kleinen Streuner auch noch das teure Zeug, das man im Fernsehen sieht, und garnieren es mit Petersilie!»

Wir lagen beide vor lauter Empörung noch lange wach.

In der Morgendämmerung weckte mich das Geschrei des Klageweibs, das vor unserer Tür genauso lange verstummte, wie eine erwachsene Katze zum Ausschlecken eines Kompottschüsselchens voll Milch braucht. Ich sprang aus dem Bett und nach draußen, nachsehen. Hatte ich es mir doch gedacht! Da stand sie noch, die Kompottschüssel, unter der Hibiskushecke.

Wirklich, ich mußte mit Alex ein ernstes Wort reden.

Vom Corned beef fraß, außer den lieben kleinen Ameisen, sichtlich angeekelt, aber ausgehungert, ein Ungeheuer in Katzengestalt – riesiger Schädel, kohlrabenschwarzes Zottelfell, ein total verwildertes Monster, allem Anschein nach ein Killer. Sollte dieser Teufel nachts durchs Fenster springen und auf meinem Bauch landen, würde mich der Schlag treffen.

Er hob den fürchterlichen Riesenschädel, sah mich aus wild funkelnden Augen an und verschwand in Riesensätzen.

Ich blieb zitternd zurück.

Als wir am späten Nachmittag vom Strand zurückkamen und am Zaun unserer Feriensiedlung entlanggingen, packte mich Alex am Arm. «Schau dir das an!»

Es war das schwarze Monster. Es zwängte sich durch die engstehenden Gitterstäbe, hinein und wieder hinaus und wieder hinein. Ganz eindeutig: Es übte. Ich sah ganz deutlich, wie es die Ohren eng an den Kopf legte und den Bauch einzog.

Mich überlief es eiskalt.

Meine schlimmsten Befürchtungen treten noch am selben Abend ein: Da lauert das Biest doch tatsächlich vor unserer Tür.

Ich will ihm gerade meine Sandale an den Kopf werfen, als es seinen Monsterschädel hebt, zu mir aufsieht und «Miau» sagt, mit einem Stimmchen so zart wie ein Glöckchen. Seine mit rührender Bitte auf mich gerichteten wunderschönen grünen Augen sind sanft wie die eines unschuldigen Kindleins.

O Gott, hier steckt doch wahrhaftig ein Lämmlein im Wolfspelz.

Ich bin zutiefst erschüttert.

«Nur dieses eine Mal!» sage ich mit der nötigen Strenge, während ich die Schüsselchen unter der Hibiskushecke mit Milch und Corned beef fülle. «Katzenfüttern ist hier streng verboten, mein Freund, aus gutem Grund. In Zukunft will ich dich hier nicht mehr sehen, verstanden!»

Er sagt mit seinem zarten Stimmchen traurig: «Ich habe dich wohl verstanden, meine gute Wohltäterin, und will dir fürwahr keine Schwierigkeiten bereiten, aber ich danke dir für dieses eine köstliche Mahl. Tausend Dank!»

An das Corned beef scheint er sich zu gewöhnen.

«Ich hab schon eine», sagte ich, als Alex die Packung Milch vom Gestell nahm.

«Ach so. Nun, das macht nichts. So haben wir eine in Reserve.»

Wie das Corned beef in meinen Korb gekommen ist, ist mir schleierhaft. Jemand mußte es irrtümlich hineingelegt haben.

Aber wenn Alex denkt, ich hätte nicht bemerkt, wie er den Salatkopf über die Dose Katzenfutter geschoben hat, dann hat er sich getäuscht.

Wir haben uns angewöhnt, im Morgengrauen aufzustehen, lange vor den anderen Bewohnern des Palmenhains, um die Schüsselchen unter der Hibiskushecke zu füllen. Den bereits gebuchten zweitägigen Ausflug zur Nachbarinsel stornieren wir. Die Tagesausflüge setzen wir so an, daß wir abends rechtzeitig zurück sind. Zu dieser Zeit sitzt das liebe Monsterchen bereits vor unserer Tür und begrüßt uns erfreut mit seinem zarten Stimmchen.

Die graue Tempelkatze kehrt zeitweise bei uns ein, aber sie ist ein etwas unsteter Gast.

Das Klageweib dehnt jetzt seine Runden nicht mehr weiter aus als bis zu unserem Bungalow.

Monsterchen hat eine rührende Anhänglichkeit entwickelt. Aber so sehr ich es auch locke – natürlich auf diskrete Weise, in dieser katzenfeindlichen Umgebung muß ich vorsichtig vorgehen –, es getraut sich nicht zur Tür herein. Warum, ist mir klar. «Eine Tür ist für dieses arme verfolgte Tierchen eben nicht etwas, durch das man in ein Haus eintritt. Bis jetzt ist es von dort immer nur hinausgeflogen. Ist das nicht furchtbar traurig?»

Aber bald ergibt sich folgende zufriedenstellende Lösung: Ich mache die Tür auf, sage leise: «Komm Mutzmutz, komm Mutzmutz!» Monsterchen zieht den Bauch ein, legt die Ohren eng an den Kopf und springt durch den Fensterspalt ins Schlafzimmer.

Wir haben ihm auf der Couch einen Schlafplatz hergerichtet. Aber lieber schläft es bei uns im Bett.

Am Ende der zweiten Woche bringt es seinen Bruder zur Fütterung mit, der ihm sehr ähnlich sieht, abgesehen von seinem weißen Kehlfleck. Und den Abend darauf seine Mutter, die sichtlich guter Hoffnung ist.

Es scheint eine starke Familienbindung zu haben.

Vielleicht täusche ich mich, aber ich habe das Gefühl, die Gäste vom Palmenhain schneiden uns. Wenn wir vorbeigehen, schauen sie in die andere Richtung. An der Haltestelle, wo wir auf den Gratisbus zum Strand warten, rücken sie von uns ab.

Und wenn schon, was schert das uns. Langweilige Spießer allesamt!

Aber als eines Morgens das Telefon läutet und die Rezeption uns zu sehen wünscht, wird mir doch etwas mulmig zumute. «Geh du», sage ich. «Ich habe hier zu tun.»

«Was die wohl wollen?»

Aber wir wissen beide nur zu gut, was sie wollen.

«Ich getrau mich nicht», jammert der Jammerlappen. «Allein geh ich nicht.»

So gingen wir gemeinsam hin, schweißnasse Hand in schweißnasser Hand. Vielleicht waren wir wirklich ein wenig zu weit gegangen? Zu weit? Was hatten wir anderes getan als unsere Christenpflicht erfüllt, die Hungrigen zu speisen? Und hat nicht schon der Herr gesagt: Lasset die Kätzchen zu mir kommen . . . Oder zumindest etwas sehr Ähnliches.

«Na und!» Alex straffte die Schultern. «Was können sie schon tun?»

«Uns hinauswerfen», sagte ich.

Die stechend schwarzen Augen des Mannes am Empfang richteten sich sofort und ohne den Schatten eines Zweifels auf mich.

He, warum ich? Er hat damit angefangen, der da...

«Ah, schön, daß Sie kommen...»

Na gut, du Fettwanst, mach dich nur lustig über deine wehrlosen Opfer.

«Juan hat am Pool dieses Heft hier gefunden mit Ihrem Namen, Señora Egger. Ich vermute, es enthält Notizen für Ihr nächstes Buch?» Er reichte mir das Heft mit einem Lächeln.

Wir bedankten uns, stolperten hinaus, gingen schnurstracks in die *cantina* und betranken uns aus purer Erleichterung mit dem Nationalgetränk der Insel, einem süßen Gesöff aus einheimischem Rum und Honig.

Drei Wochen Urlaub scheint eine lange Zeit zu sein, aber jetzt gingen sie rapid dem Ende zu. Was uns quälte, war die Frage: Was soll nach unserer Abreise aus unseren Schützlingen werden?

Ich zog vorsichtige Erkundigungen ein über unsere Nachfolger. Soviel ich von Juanita, die dreimal die Woche zum Aufräumen kam, herauskriegte, waren es langjährige Gäste. «Er sein feiner Mann», sagte sie. «Aber sie Frau, die nie lachen, immer nur schimpfen, immer böses Gesicht.»

Nein, da gab es wohl keine Hoffnung für unsere Kostgänger.

Drei Tage vor dem Heimflug zogen in der anderen Bungalowhälfte zwei junge Burschen ein. Das Übliche

– junge dumme Hunde, die bei Tag schlafen und nachts unterwegs sind. Wenn sie nicht schlafen, dröhnt ihr Kassettenrecorder.

Zuerst klopften wir noch höflich an die Wand und baten um Ruhe, aber dann machten wir es uns bequemer und schleuderten den erstbesten Schuh gegen die Wand.

Sie brüllten: «Okay! Schon kapiert! 'tschuldigung!» und drehten den Affenkrach auf Halbmast.

Sie liehen von uns Salz und Brot aus. Kurz, es entwikkelte sich ein angenehmes, locker-nachbarschaftliches Verhältnis.

«Ob sie vielleicht . . .?» fragte Alex während des Pakkens. «Sie bleiben noch zwei Wochen.»

«Die? Ich bitte dich, in dem Alter denken sie nur an sich selbst und ihr Vergnügen. Was kümmert die die arme, hungrige Kreatur?»

«Probieren wir's trotzdem bei ihnen: Sie sind eben nach Hause gekommen.»

Sie saßen auf der Terrasse, rauchten und tranken Metaxa aus ihren Zahnputzbechern.

Wir packten unseren Flaschenvorrat am Hals und stiegen damit über die Hibiskushecke. «Wir haben da ein kleines Problem . . .» sagte Alex.

Sie grinsten. «Okay. Was gibt's?»

«Ihr werdet schon bemerkt haben, daß wir hin und wieder die armen Katzen füttern, die da herumstreunen . . .»

«Echt?» sagte der eine. «Katzen? Nie was gesehen davon. Hast du?»

«Katzen? Nee.»

Das Klageweib zog gerade vor unserer Nase seine

übliche Runde, Monsterchen mit Bruder und Mutter verzehrte vor der Tür sein Abendbrot, und die Tempelkatze, die wieder einmal vorbeischaute, saß auf dem Terrassentisch und putzte sich das Fell.

Ach, diese Jugend, selig eingesponnen in ihrem sonnigen Egoismus ...

Aber sie zeigten sich sofort hilfsbereit und versprachen, ohne lange zu zögern, unser gutes Werk fortzuführen.

Das Kostgeld wollten sie erst nicht annehmen, aber wir bestanden darauf.

«Sie sind keine schlechten Kerle», sagte ich und machte es mir auf dem engen Sitz so bequem wie möglich. Unter uns verschwand unser Feriendomizil in den Wolken. «Und die Katzen haben keine Angst vor ihnen, weil es gute Menschen sind.»

«Du wirst sehen, sie werden sicher gut für sie sorgen.» Alex tätschelte tröstend meine Hand.

«Eben, ich werde es nicht sehen!» schluchzte ich.

«Die Jugend wächst an ihren Aufgaben.»

«Ich wette, sie geben ihnen die Milch eiskalt direkt aus dem Kühlschrank.»

«Zumindest werden sie ihnen nicht die Schuhe nachwerfen.»

Wenn das ein Trost sein sollte, verfehlte er seine Wirkung.

Und die Moral von der Geschicht': Füttre im Urlaub keine Katzen nicht!

Solltest du es dennoch tun, so werden sie dir daheim Nacht für Nacht im Schlaf erscheinen, ganz bitterlich weinen und in einem fort klagen: Warum hast du uns verlassen? Warum nur? Warum?

Und jede Nacht werden sie um einiges magerer sein, bis nichts mehr von ihnen übrig ist als große, traurige Augen.

Rhodos im März

«Es war ja ganz nett auf Rhodos», sagte Flo, «aber ehrlich gesagt, nach einer Woche wurde es mir langweilig – immer nur Sonne und baden und essen gehen und Ouzo trinken und wieder Sonne und baden und essen und Ouzo trinken . . .»

Ich riet ihr, das nächstemal im März zu fahren. Es verändert alles.

«Die griechischen Inseln», sagte ich zu Flo, «haben im März ihren eigenen Reiz: wenig Touristen und wenn, meist die ausgeflippten Typen; die Berghänge bedeckt von Blüten und duftenden Kräutern; jede Menge freie Zimmer zum halben Preis. Und man hat nicht unter der Hitze zu leiden, denn es weht ständig ein angenehmer, kühler Wind . . .»

Als ich mir damals die Haare wusch, erstarrten sie zu Eiskristallen – mit ein bißchen Glück hätte ich mit einer Lungenentzündung protzen können. Die feuchten Bettlaken in den den Winter über nicht gelüfteten, ungeheizten Zimmern frieren einem am Körper fest – was zu einem gänzlich neuen Schlafgefühl verhilft. Man hat, da man ja in den sonnigen Süden fuhr, viel zu leichte Kleider mit und trägt deshalb alle gleichzeitig in mehreren Schichten übereinander, wodurch man, zumindest äußerlich, den ausgeflippten Typen ähnlich wird, mit ihnen in Kontakt kommt und eine Menge Spaß hat, sofern man die vielen Ouzos überlebt.

Das alles gibt der Sache einen prickelnden Reiz und den Anstrich von unverfälschtem Abenteuer.

«Damit ist's leider vorbei», sagte ich mit einem Seufzer.

«Wieso?» sagte Flo. «Soviel ich weiß, fährst du doch immer noch zu den verrücktesten Zeiten weg.»

«Das schon. Aber ich fahre nie mehr im Frühling nach dem sonnigen Süden ohne meinen kleinen Heizstrahler, die Wärmflasche und ein Angoraunterleibchen.»

Gut, ich friere nicht mehr.

Aber ich kann mir nicht helfen: Es ist seither nicht mehr dasselbe.

Als der Typ neben mir an der Theke nicht aufhörte, mit seinem letzten Abenteuer, einer organisierten Busreise durch Australien, anzugeben, sagte ich, um endlich meine Ruhe zu haben: «Wie oft haben Sie sich die Schuhe ausgezogen und sind durch ein Wasserloch gewatet, aus dem die Schnauzen von Krokodilen ragten, um zu prüfen, an welcher Stelle Sie mit dem Auto durchfahren können?»

Er runzelte die Brauen. «Kurz vor Alice Springs sind wir im Sand steckengeblieben, mitten in der Wüste. Wahnsinn, wir hätten alle draufgehen können. Wir mußten aussteigen und die Karre aus dem Sand schieben.»

«Na toll! Sind Sie tausend Kilometer auf einem Reservekanister mit Benzin gesessen?»

Er schüttelte empört den Kopf. «Ich bitte Sie! Unser

Bus hatte Schlafsitze. Luxusausführung. Bei dem Preis . . .»

Wie will der mitreden? Ich hatte noch wochenlang die Worte «Shell AG Super» in meiner Kehrseite eingeprägt.

«Sind Sie schon einmal über eine Eisenbahnbrücke gegangen, weil der einzige Flußübergang kurz nach einem Monsunregen zehn Meter hoch überschwemmt war, hinter Ihnen ein Verrückter, der mit Auto und Wohnwagen über die Bohlen rumpelt und aus dem Fenster brüllt: Halt ihn auf! Halt ihn um Himmels willen auf?»

«Mitten im Busch ging uns das Bier aus», sagte der Möchtegernabenteurer, wenn auch schon reichlich kleinlaut.

Ich gab ihm den Rest, indem ich beiläufig hinwarf, daß ich mit meinem Mann seinerzeit monatelang die australischen Wüsten, Steppen, Regenwälder und sonstigen Kalamitäten durchquert hätte, und das mit einem dreijährigen Kind männlichen Geschlechts, das keinerlei gefestigtes Verhältnis zu seinen Eltern hatte, sondern diese als reine Zufallsbekanntschaft betrachtete: Jedesmal, wenn wir stehenblieben und mit dringenden Arbeiten beschäftigt waren, wie Auto und Wohnwagen aus dem Sand buddeln oder die durch das Gerüttel losen Teile notdürftig mit Draht flicken, stülpte er sich seinen Hut auf den Kopf, klemmte sich den Teddy unter den Arm und marschierte drauflos.

Wenn wir uns umdrehten, war er nur noch ein Pünktchen am endlosen Horizont.

Falls ich heute noch ein australisches Abenteuer will, sagte ich, schaue ich mir «Crocodile Dundee» auf Video an.

Der Kleinkaliberabenteurer hatte begriffen, zahlte und ging.

Auch so einer, der sich einbildet, man bräuchte bloß eine Reise gegen das andere Ende der Welt hin zu buchen, die den Zusatz «Abenteuer» hat, um auch ein solches zu erleben. Und da sitzen dann die armen Teufel, die ein Vermögen dafür hingeblättert haben, auf der Terrasse einer Luxuslodge im Tsavo Park, schlürfen Campari-Orange und sehen von ihren gepolsterten Korbsesseln aus zu, wie die Elefanten – gesittet wie Klosterschülerinnen – zur Tränke kommen.

Dabei sind sie so wenig in Gefahr wie daheim vor dem Bildschirm.

Das abenteuerlichste Erlebnis, das sie hatten, war wahrscheinlich, daß eins von den frechen Erdhörnchen auf den Tisch geklettert kam und ihnen die Schlagsahne vom Finger leckte.

Dabei braucht es so wenig, um das echte Abenteuer zu erleben. Je weniger, desto besser. Ich kann ruhig sagen: Es war mein konstanter Mangel an Kapital, der mir das Tor zum wahren Abenteuer aufstieß.

Heute noch überkommt mich ein angenehmes Gruseln, wenn ich an meinen Schlafplatz in Monte Carlo denke – eine Baustelle in gebührendem Abstand von der fürstlichen Residenz – und wie ich am Morgen um ein Haar samt Schlafsack in Beton verewigt worden wäre.

Die Riviera ist unter solchen Umständen eine echte Herausforderung.

Anderenorts war es leichter. Auf der Insel Kreta zum Beispiel schon fast zu einfach, um noch ein Abenteuer zu sein. In Chania stand ich damals keine zehn Minuten mit dem Rucksack auf dem Rücken und einem Stadtplan in der Hand, auf dem Gesicht den nützlichen Ausdruck eines verlorenen Schafes, an einer belebten Straßenecke, als mich zwei junge Burschen mit jenem Grinsen, dem man die teuren Zahnspangen ansah, auf englisch fragten: «Hi ... Suchst ein Zimmer, was?»

Ich nickte.

«Ein billiges, was?»

Wieder nickte ich energisch.

Sie sagten: «Okay. Komm mit. Wir haben was für dich.» Und ich ging mit, ohne auch nur eine Minute zu überlegen.

Keine Sorge. Ich hatte an ihrem amerikanischen Akzent sofort erkannt, daß keinerlei Gefahr drohte. In Amerika hätte ich von ihnen ein polizeiliches Führungszeugnis und drei unbescholtene Bürgen verlangt, bevor ich mitgegangen wäre. Aber es ist seltsam: Ins Ausland scheinen nur die guten Boys zu kommen. Ein geheimnisvoller Filter sorgt dafür. So wie man jenseits der Grenze nie einen Wiener trifft, der nicht raunzt, keinen Engländer, der nicht säuft wie ein Bürstenbinder, und keinen Deutschen, der nicht über Autopreise redet.

Sie installierten mich in der Pension eines Griechen, der lange in Amerika gelebt hatte. Im anderen Bett des Zimmers schlief eine junge Aussteigerin, die mich im Sirtaki-Tanzen unterrichtete sowie der Kunst, dort unten ohne Aufenthaltsgenehmigung zu arbeiten. (Das wichtigste ist, bei der Olivenernte die Arme vor Kratzern zu schützen, denn daran erkennt man den Schwarzarbeiter.) Im Notfall hätte ich darauf zurückgreifen können.

Ein anderes Tor zum Abenteuer heißt «öffentliche Verkehrsmittel».

Mein noch unerfüllter Traum ist eine Zugfahrt durch das Hochland von Peru, mit einem dieser Bummelzüge, die die Berge hinauf- und hinunterkriechen und die mit Menschen, Hühnern und Ziegen so überfüllt sind, daß man sogar oben auf dem Dach hockt.

Ich hoffe, ich kann mir diesen Wunsch erfüllen, solange ich noch gelenkig genug bin, um die hohen Trittbretter zu erklimmen.

Das Dach habe ich schon gestrichen.

Solange ich mich mit einfacheren Sachen begnügen muß, kann ich mir immer noch ein ordentliches Abenteuer gönnen, indem ich mir diejenigen Länder aussuche, in denen die Busfahrer nicht so sehr auf tadellos funktionierende Bremsen und Reifen mit genügend Profil vertrauen als auf eine am Armaturenbrett befestigte kleine Muttergottesstatue . . .

Wo steht der Bus nach Ravello?

In südlichen Ländern sind die Busse immer schrecklich überfüllt. Der Grund liegt auf der Hand: Sie sind billig und verkehren ständig. Man stellt sich einfach an der nächsten Haltestelle auf, wartet keine fünf Minuten, streckt den Arm aus und steigt ein.

Sofern man einen Platz findet. Denn wie gesagt, sie sind immer sehr voll. Das ist lästig. Ich verstehe nicht, wieso man nicht endlich ein paar der maßgeblichen Herren zu uns hinaufschickt, um sich demonstrieren zu lassen, wie man diese ärgerliche Überfüllung in den Griff bekommt. Hier bei uns nämlich sind die Busse meist angenehm leer, man kriegt immer einen Sitzplatz, auch zwei, wenn man eine größere Tasche dabei hat.

Freilich, um diesen wünschenswerten Zustand zu erreichen, dazu war viel Kopfarbeit und exzellente Planung notwendig. Ein paar der solchermaßen erarbeiteten Faustregeln lauten:

Setz den Preis so hoch an, daß Busfahrten außer für Schüler, Rentner und Familienangehörige der Busfahrer zu teuer sind.

Laß sie so selten fahren, daß sie nur der benützt, der zufällig im richtigen Moment an der Haltestelle vorbeikommt und Zeit für eine Fahrt ins Blaue hat.

Sonntags nie.

Wenn zwei Konkurrenzunternehmen dieselbe Strecke befahren, setz die Abfahrtszeiten so an, daß grundsätzlich beide im Abstand von drei Minuten fahren, lange vor- oder hinterher nichts.

«Wieso macht ihr das?» fragte ich einen Busfahrer. «Das ist doch kein Service für die Leute.»

Er sah mich perplex an. «Leute? Welche Leute?»

In einem jener Länder, in denen die Busse ständig überfüllt sind, fuhr ich von Sorrent zurück nach Amalfi, wo ich in einem uralten Palazzo ein Kämmerchen zu ultramodernem Preis gemietet hatte.

Man hatte mir vorgeschwärmt, wie sagenhaft schön die Küstenstraße sei.

Möglich.

Ich hatte die Augen fest zugekniffen, während Bilder aus meinem verflossenen Leben an mir vorbeizogen. Ich bereute einiges davon und gelobte, mich zu bessern, falls ich diese Fahrt überleben sollte. Was nicht sehr wahrscheinlich war, denn es gab zu vieles, was dagegen sprach:

Für entgegenkommende beziehungsweise überholende Fahrzeuge reichte der Platz gerade aus, wenn diese die Maße eines schlanken Menschen auf einem Tretroller nicht überstiegen.

In jeder Rechtskurve schwebte der Bus bis zur fünften Reihe hinten frei über dem blauen Mittelmeer.

Ein entgegenkommender Reisebus zog ein Ausweichmanöver mit millimeterweisem Vor- und Zurückstoßen nach sich, dauerte zwanzig Minuten und führte Paulchen Müller, der auf einem Fensterplatz auf der Meerseite saß und seit seiner Konfirmation keine Kirche mehr betreten hatte, zurück zu Gott. Zumindest versuchte er zu beten, entsann sich jedoch nur noch der einen Zeile: Lieber Gott, mach mich fromm, auf daß ich in den Himmel komm! Woraufhin sich sein Zustand noch verschlimmerte, denn genau das war jener Ort, an den er nicht kommen wollte, zumindest im Moment noch nicht.

Wenn es ganz arg kam, ging der Beifahrer dem Bus voran und hielt die Fahrzeuge aus der Gegenrichtung auf. Es erinnerte mich an jene nostalgischen Zeiten, als eine Person mit einer Glocke vor den neumodischen Benzinkutschen hergehen mußte.

Und bei alldem blieb der Mann am Steuer ruhig und von heiterer Gelassenheit. Kein häßliches Wort kam über seine Lippen. Keine Geste verriet auch nur die geringste Ungeduld.

«Ich möchte wissen, wie er das macht», sagte kopfschüttelnd die Frau neben mir, ebenfalls eine Touristin.

«Er reagiert sich anderwärtig ab», sagte ich.

«Sie meinen, er quält seine Frau, traktiert die Kinder und prügelt den Hund?»

«Aber nein», sagte ich. «Er spielt bloß vor der Abfahrt das Spiel ‹Wo steht der Bus nach Ravello?›»

Schauplatz der Handlung: Der Busbahnhof von Amalfi, von wo aus die Busse nach allen Richtungen abgehen, nicht nur die Küste entlang, sondern auch die senkrecht aufsteigenden Berghänge hinauf, teils auf Ziegenpfaden, teils auf Strickleitern.

Hauptdarsteller: ein Busfahrer mittleren Alters.

Statisten: eine Menge aufgeregter Leute, die ihren Bus suchen ...

Ich blicke auf die Uhr, sehr nervös, es ist schon fast Zeit zur Abfahrt nach Ravello, einen malerischen Ort oben in den Bergen, und ich habe den richtigen Bus immer noch nicht gefunden.

In einer rasch größer werdenden Schar von Leuten, die auch nach Ravello wollen, renne ich die Busreihen ab und suche nach der Tafel «Ravello».

Nichts.

Da – aus einem der Busse steigt ein Busfahrer aus, wir schwenken unisono, gleich einer Schule junger Fischlein, auf ihn zu.

«Ravello?» fragt jemand.

Er schaut durch uns hindurch, nickt unmerklich und geht ins Café hinüber.

Hat er nun «nein» genickt oder «ja»?

Wir beraten. Auf dem Anzeiger vorne am Bus steht Amalfi, aber das hilft uns nicht weiter, da sind wir ja.

Nach kurzer Beratung teilen wir uns – die eine Hälfte belagert den Bus, die andere geht weitersuchen und will uns ein Zeichen geben, wenn sie Erfolg hat.

Ein Busfahrer kommt. Der von vorhin? Ja, er ist es. Fahren wir? Nein. Er holt nur die Auflage aus Holzperlen vom Fahrersitz und geht. Wohin? Noch einmal Kaffee trinken? Wieder teilen wir uns, eine Gruppe bleibt beim Bus, die andere, darunter ich, folgt dem Mann mit den Holzperlen.

Nein, der Holzperlenmann geht nicht noch einmal Kaffee trinken, sondern zu einem Bus in der vorderen Reihe. Er steigt ein und legt die Auflage auf den Fahrersitz.

Ich zupfe den Meister des Steuerrads am Ärmel und frage mit gebührender Demut: «Ravello?»

Er murmelt etwas Unverständliches; ich gehe ihm sehr auf die Nerven, das sieht man.

Vorne am Bus steht nichts.

Weder von der ersten Gruppe noch von der am Bus zurückgebliebenen haben wir bis jetzt ein Zeichen erhalten.

Die Nervosität steigert sich.

Der Busfahrer ist wieder ausgestiegen, ohne seine Holzperlen, steht jetzt da mit dem Gesicht zum Meer und raucht. Wir sind Luft für ihn.

Was nun?

Plötzlich – ist es langjährige Erfahrung, Intuition oder was sonst? – ist uns klar: Das hier ist der Bus nach Ravello. Der und kein anderer.

Aufgeregte Rufe in mehreren Sprachen holen die anderen herbei, die aus allen Richtungen angerannt kommen, Kinder und Gepäckstücke hinter sich herschleifend.

Wir drängen uns einer aufgeregt blökenden Schafherde gleich in den Bus.

Der Fahrer hat sich inzwischen auf seinen Sitz geschwungen und überzeugt sich durch einen Blick in den Rückspiegel, daß seine menschliche Fracht, diese lästigen Zecken, sich in allen Stadien der Auflösung befindet, daß ihnen die Haare zu Berge stehen und die Augen aus dem Kopf. Er steckt den Schlüssel in die Zündung, haut den ersten Gang rein, vorne auf dem Bus steht jetzt auch, wohin wir fahren, nur leider sehen wir es nicht. Ein junger Mann mit den athletischen Beinen eines Sprinters springt hinaus, saust nach vorne, ruft uns ein triumphierendes «*Si si, Ravello!*» zu und springt wieder auf.

Wir fahren schon im zweiten Gang. Einer, der sich bis jetzt außen an der Tür angeklammert hat, resigniert und fällt auf den Asphalt.

Unbeschreibliches Triumphgefühl durchströmt mich. Wieder einmal geschafft. Und was das schönste ist: Ruhigen Gemüts kann ich der Fahrt entgegenblicken, komme, was da wolle. Der gute Mensch da vorne wird jeglichen Kalamitäten, egal, wie mannigfaltig, mit der Gelassenheit eines Mannes begegnen, der seinen Dampf abgelassen hat.

Amalfi ist ein Ort eingezwängt zwischen Bergen und Meer; es bietet nur Raum für einen einzigen Busbahnhof. Ganz anders in weitläufigen Städten, wie etwa Palma de Mallorca. Das Aufspüren der rund zwei Dutzend Busterminals gleicht dort der Suche nach sorgfältig versteckten Ostereiern.

Ich kenne ein verrücktes Weibsbild, das immer wieder nach Palma fährt, obwohl es ständig über die steigenden Preise wettert, die Unhöflichkeit seiner Bewohner, das miese Essen und den unerträglichen Fluglärm.

«Und trotzdem fährst du dieses Jahr wieder hin?» sagte Hanna kopfschüttelnd. «Warum?»

«Das kann ich dir genau erklären», sagte ich. Und ich erklärte es ihr: Ich habe den Großteil meines ersten Urlaubs damit verbracht, herauszufinden, von welchen Winkeln der Stadt aus die diversen Busse abfahren. Ich habe mir dabei zweimal die Brieftasche stehlen lassen, einen Kreislaufkollaps erlitten, jede Menge an Nerven, Zeit und Geld investiert und das Ergebnis meiner mühsamen Forschungen jetzt schön säuberlich in ein Büchlein eingetragen.

Soll all das vergeblich gewesen sein?

O nein.

«Wieso hast du dir nicht einfach einen Plan mit allen Haltestellen besorgt?» fragte Hanna.

Das gute Kind. Man merkt, daß es von spanischen Verhältnissen nicht die geringste Ahnung hat. Oder überhaupt von irgendwelchen Verhältnissen. Wenn sie nur halb soviel Zeit und Mühe wie ich darauf verwendet hätte, an fremden Orten in fremden Sprachen Busfahrpläne von teils feindlich gesinnten Eingeborenen zu ergattern, würde sie nicht so einfältig daherreden.

In Korfu-Stadt drangen wir zu diesem Zweck bis ins Hauptquartier vor.

Es befand sich in einer düsteren Halle, in einem kleinen Verschlag, hinter einem Berg von Säcken, gefüllt mit jener Post, die liebe Freunde in der Heimat erhalten werden, wenn ihre Augen zu schwach geworden sind, um sie zu lesen.

Auf meine Bitte nach einem Fahrplan reichte mir eine schwarzbehaarte Hand einen solchen aus dem Verschlag.

Ich konnte es nicht fassen.

«Ich habe tatsächlich einen bekommen», raunte ich Alex zu. «Ist das nicht phantastisch?»

«Er ist ab heute nicht mehr gültig», sagte der Mund oberhalb des behaarten Armes.

«Was heißt das?» begehrte ich auf.

Die breiten Schultern zuckten. «Nur bis gestern.»

«Na wunderbar! Dann geben Sie mir doch bitte den neuen . . . Dieser hier ist nicht mehr gültig», sagte ich über die Schulter zurück. «Es gibt jetzt einen neuen.» Und nach vorne: «Den neuen bitte.»

«Habe ich nicht.»

«Warum nicht?»

«Die sind ausgegangen.»

«Die neuen sind ausgegangen», sagte ich nach hinten und nach vorne: «Und wann kriegen Sie wieder welche?»

Er rieb sich die mit schwarzen Haaren bedeckte, knollige Nase und sagte:

«Morgen.»

Da wir schon einmal hier waren, setzten wir uns in den ersten Bus, der den Platz verließ, und landeten an einem entlegenen Ort in den Bergen. Heim kamen wir teils zu Fuß, teils mit dem Taxi.

Am nächsten Tag kamen wir wieder, kletterten über die Postsäcke, verlangten einen Fahrplan, kriegten den alten, wollten einen neuen, aber der war ausgegangen. Wann gibt es wieder welche? Morgen.

Morgen kamen wir wieder, stiegen über die Postsäcke und so weiter und so fort und auch den Tag darauf, und es änderte sich nichts, außer daß der Mann in seinem Kabäuschen sehr gereizt wurde, sobald er uns erblickte.

Am vierten Tag schleuderte er uns einen Postsack entgegen.

Am fünften war der Käfig geschlossen.

Wir mußten uns geschlagen geben, beschlossen, den öffentlichen Busverkehr zu boykottieren, liehen uns einen Motorroller aus, fuhren damit frohgemut die Küstenstraße hinauf, flogen in einer Kurve aus der Kurve, Alex brach sich auf sehr komplizierte Art das Bein und kehrte – auf einem extra eingebauten Krankenbett, umsorgt von einem extra eingeflogenen Arzt – in die Heimat zurück.

Das war kinderleicht. Dafür brauchten wir keinen Fahrplan.

Auch nach Korfu getraue ich mich jetzt nicht mehr. Wenn ich hinkomme und einen Fahrplan verlange und der Kabäuschenmann sagt «Morgen», dann gebe ich ihm unter Garantie eins auf die behaarte Knollennase.

Darauf möchte ich es nicht ankommen lassen.

Bei uns auf dem Land kauft man die Fahrkarten noch im Bus. Das ist einfach.

Zu einfach.

Es bringt einen um jenes Glücksgefühl, das man hat, wenn man nach vielen Aufregungen und Mühen endlich jenes Stückchen Pappkarton in Händen hält, das einen zur legalen Benützung eines Busses berechtigt. In den typischen Urlaubsländern kauft man es in Bars, Tabakläden, Gemüseläden. Öfter auch an Automaten.

Ich kann Automaten nicht leiden. Wer kann mir garantieren, daß mir dieser Blechkübel nicht mein gutes Geld klaut und nichts dafür hergibt? Und es ist keiner da, bei dem ich mich beschweren kann.

«Hier steht alles nur auf italienisch», sage ich nervös.

«Gut, daß du Italienisch kannst», sagt Alex.

«Ich kann eine Portion Spaghetti bestellen und mich übers Zimmer beschweren. Aber für das hier würde ich ein Universitätsstudium benötigen.»

Das Ehepaar hinter uns gibt mir recht. Es ist eine Unverschämtheit. Was denken die sich eigentlich?

«Laß mich dran», sagt Alex und schaut sich die Bilder an. Dann schiebt er einen Fünftausendlireschein in den Schlitz, mit dem Bild nach oben, wie aufgezeichnet, und drückt auf den Knopf.

Das dumme Ding will sein Geld nicht. Es spuckt den Schein unter blechernem Geschimpfe wieder aus.

Er probiert es noch einmal.

Die Umstehenden, lauter Touristen, geben dazu gute Ratschläge ab: Der Geldschein muß glatt sein. Er darf keine umgebogenen Ecken haben.

Alex glättet, biegt Ecken gerade, schiebt ein, der Apparat schimpft und spuckt wieder aus. Er kriegt einen Fußtritt ab.

Bevor die Sache noch weiter ausartet, erwische ich einen zufällig vorbeischlendernden Uniformierten am Ärmel und zerre ihn zum widerspenstigen Automaten.

Er will sich drücken. Die Menge rückt näher. Er entkommt uns nicht.

Also seufzt er tief auf, glättet den Schein, steckt ihn in den Schlitz, kriegt ihn zurück.

Er schüttelt den Kopf.

Also bitte sehr, auch er – ein Fachmann – schüttelt den Kopf.

«Wo wollen Sie hin?» fragt er.

«Nach Torri del Benaco.»

Wieder schüttelt er den Kopf. Jetzt mit milder Nachsicht. «Dann ist alles klar, Signora! Ein Fahrschein nach Torri del Benaco kostet sechzehnhundert Lire. Und wenn es weniger als dreitausend ausmacht, nimmt der Apparat keinen Fünftausender an. Sie verstehen, wir sind hier nicht in Neapel.»

Na wunderbar. Und wie, bitte sehr, soll man das wissen, das mit den fünftausend?

«Machen Sie doch endlich weiter», mault einer aus der Menge. «Wir brauchen alle noch unsere Fahrkarten.»

Wir würden gern weitermachen, aber wir haben keinen kleinen Schein. Niemand will wechseln. Die brauchen ihre kleinen Scheine selber, jetzt wo sie sehen, wie das funktioniert.

In der Not hat Alex einen Geistesblitz. Wir brauchen ja zwei Fahrscheine. Das macht dann über dreitausend, nicht wahr.

Der von mir immer noch am Ärmel festgehaltene Uniformierte wiederholt den ganzen Zauber, und jetzt ist das Monster zufrieden, nimmt das Geld, spuckt nach langem Räuspern eine Karte aus und auch das Wechselgeld.

Wir schnappen es uns, rennen zum Bus. Die anderen, die sich vor dem Automaten balgen, schreien uns nach: «Halten Sie ihn auf! Wir kommen gleich!» Wir steigen ein, sehr erleichtert, doch der Mann am Steuer will unsere zweite Karte sehen.

Verdammt, schon wieder betrogen. Immer ist man der Dumme im Ausland, immer, immer!

«*Signore!*» Der Uniformierte wedelt aufgeregt mit einem Stück Papier. «Sie haben das hier vergessen, das zweite *biglietto!*»

Immer diese Eile, nie haben sie Zeit, die Touristen. Immer gleich rennen. Immer gleich schimpfen. Auch ein Automat, auch ein sehr moderner wie dieser, braucht etwas Zeit zur Geburt eines *biglietto.*

Egal. Soll er zetern. Hauptsache, wir haben unsere Fahrscheine.

All das hat natürlich Methode. Dahinter steckt ein ausgeklügeltes System. Diese lästigen Touristenhorden sollen mit den Taxis fahren, mit Mietautos oder Ausflugsbussen und nicht mit den ohnehin total überlasteten öffentlichen Verkehrsmitteln.

Man darf es ihnen deshalb nicht zu einfach machen.

Die paar besonders Hartnäckigen, die nie aufgeben, die muß man – Gott sei's geklagt – in Kauf nehmen. Man kann nur hoffen, daß sie bei all den ständigen Aufregungen so bald wie möglich einen Herzinfarkt kriegen. Dann werden sie im Rettungswagen befördert und scheiden als Benützer öffentlicher Verkehrsmittel wieder aus.

Bei einigen dauert es eben länger, bis sie kapieren, wo ihr Platz ist.

Englische Häppchen

Nie kommt das Sprichwort «Der Mensch lebt nicht, um zu essen, sondern er ißt, um zu leben» der Wahrheit näher, als wenn man auf Reisen ist.

Es muß damit zu tun haben, daß der Reisende (von den Pauschalreisen mit Vollpension abgesehen) zum Nomaden wird. Und ein Nomade verwendet nun einmal einen Großteil seiner Energie, Zeit und seines Einfallsreichtums darauf, sich Nahrung zu beschaffen.

Denken wir nur an die australischen Ureinwohner im Busch. Auch ihr Tagesablauf dreht sich einzig und allein um die Frage: Wo kriege ich genügend Wurzeln und Würmer her, um nicht zu verhungern?

Viele Stunden lang hatte ich bereits auf unserer Fahrt durch England heldenhaft den Gedanken an schmackhafte Wurzeln und saftige Würmer aus meinem Bewußtsein verdrängt, aber nun, gegen drei Uhr nachmittags, wurde mein Hungergefühl übermächtig.

«Egal, was du dazu sagst», sagte ich zu dem Mann am Steuer, mit dem ich damals noch verheiratet war und der vor amtlich beeidigten Zeugen geschworen hatte, mich zu ernähren in guten und in schlechten Tagen, «ich muß was essen.»

Er murrte, daß ich immer ausgerechnet dann was essen müßte, wenn wir gerade nicht in einem Stau ständen und uns alle überholen würden, die er mühsam und unter Lebensgefahr während der letzten Stunde überholt hatte.

«Das einzige, was wir in der letzten Stunde überholt haben, war ein Huhn», sagte ich. «Entweder du bleibst jetzt stehen, oder ich verlasse dich, ohne dir zu verraten, wo ich die Reiseschecks versteckt habe.»

Er hielt vor dem nächsten, übrigens ganz entzückenden Gasthaus.

Im Tudorstil gehalten, besaß es ein heimeliges Strohdach, reizende Bleiglasfensterchen sowie eine sicherlich viele Jahrhunderte alte Eingangstür aus massivem Eichenholz mit einem bronzenen Türklopfer in Form eines springenden Fisches.

Leider war diese Tür zu. Und sie ging auch nicht auf, als mein Mann mit aller Gewalt daran rüttelte und ich kraftlos im Sicherheitsgurt zusammenbrach.

Es war Sonntag nachmittag, drei Uhr dreißig ...

«Wieso sind eure Gasthäuser ausgerechnet am Sonntagnachmittag geschlossen?» fragte ich einen Engländer. «Zu einer Zeit, wo alles spazierengeht und dann irgendwo einkehren will?»

«Eben», entgegnete der Eingeborene. «Sie sollen an der frischen Luft spazierengehen und nicht im Gasthaus hocken.»

«Und was ist, wenn man hungrig wird?»

«Nun ja, wir wissen uns zu helfen ...»

Er nestelte eine Dattel aus der Rocktasche.

Wie es sich im Verlauf des aufschlußreichen Gesprächs herausstellte, trug er außerdem ständig zwei in

Silberpapier gewickelte Sandwiches bei sich, einige Dörrpflaumen und als eiserne Reserve ein Päckchen dehydrierten Nahrungskonzentrats, wie es Bergsteiger im Himalaja verwenden.

«Und wenn alle Stricke reißen», meinte er und bot uns eine Dattel an, «gibt's immer noch Fisch und Chips und die anderen kleinen Häppchen an den diversen Buden.»

Im Verlauf unserer Reise stellten wir fest, daß der Mann nicht gelogen hatte. Die kleinen Zwischenmahlzeiten haben sich in England zu voller Blüte entwickelt, während sie hier auf dem Kontinent keinen nennenswert hohen Standard erreicht haben.

Warum das so ist, ist ziemlich klar: Der Stolz einer kontinentalen Hausfrau ist es immer noch, zweimal am Tag eine Mahlzeit auf den Tisch zu stellen, die den Kalorienbedarf einer Woche deckt.

Wer eine solche hinter sich hat, bringt für die Häppchen zwischendurch nicht mehr die rechte Liebe auf. Es fehlt ganz einfach an der Nachfrage.

Anders bei den Engländern.

Engländerinnen waren von jeher stark beansprucht in außerhäuslichen Tätigkeiten wie Wohltätigkeitsbasaren, Protestmärschen, Bingospielen und damit, ihre Männer auf den Golfplatz zu begleiten. Fürs Kochen bleibt da wenig Zeit. Oder glauben Sie im Ernst, Mrs. Thatcher hätte es so weit gebracht, wenn sie jeden Tag zwei ordentliche Mahlzeiten auf den Tisch gestellt hätte? Was den Engländer am Leben erhält, sind seine Häppchen. Und natürlich Fisch und Chips.

Nicht, daß ich prinzipiell etwas gegen Fisch und Chips einzuwenden hätte, aber nein! War ich vielleicht ein Leckermäulchen, das es jeden Tag nach in Weinteig getunkten Zucchiniblüten und dergleichen gelüstete? – Aber ja. Und was kriegte ich? In altem Öl ausgebackene Gräten.

«Ich kann Ninos Fischbar nicht mehr riechen», wimmerte ich. «Schon wenn ich den Namen höre, wird mir schlecht.»

«Wenn's weiter nichts ist», sagte der Vater meiner Kinder, faßte mich am Arm und geleitete mich an Ninos elender Fischbude vorbei der Hauptstraße zu. Dort blieb er vor einer Glasscheibe stehen, auf der in großen Lettern die Worte gemalt waren: «Barrys köstlicher Nimm-uns-mit-Fisch». Darüber schwebte ein Fisch mit ungemein tragischem Gesichtsausdruck.

Mein Mann hielt mir zuvorkommend die Tür auf, auf der stand: «Fish and Chips, die großartige britische Erfindung», und bestellte zwei Portionen.

Ich konnte meinen Ärger kaum zurückhalten. «Das Zeug hängt mir zum Hals heraus!»

«Wieso? Fisch ist nahrhaft und gesund. Die Eskimos ernährten sich von nichts anderem, bevor sie das Dosenzeug zu essen begannen, und waren gesund dabei.» Entschlossen steuerte dieser unsensible Mensch mit seiner in Zeitungspapier gewickelten Portion dem Fensterbrett zu, wo in zwei schmierigen Gefäßen Essig und Salz bereitstanden.

Nachdem er seine Portion und die Hälfte der meinen verdrückt hatte, wischte er sich die fettigen Finger am Taschentuch ab und holte seine Brieftasche heraus, um nachzusehen, ob noch genug da war für die Autoersatzteile, deretwegen wir nach England gefahren waren.

Das heißt, er war, ich wollte nichts als ein paar günstige Pulloverchen kaufen.

Ich bin wahrhaftig ein duldsamer Mensch, aber was zuviel ist, ist zuviel! Am nächsten Tag entwischte ich ihm aus der Fischbude, ging schnurstracks und ohne mich um sein Gezeter zu kümmern hinüber in den «Speer und Anker» und verfraß dort einen halben Kotflügel, zwei Radkappen sowie fünfundzwanzig vernikkelte Schrauben.

Und dann gab ich noch eine Zylinderkopfdichtung Trinkgeld.

Meine Suche nach den billigen Pulloverchen führte uns in eines der großen Warenhäuser in der Oxford Street. Ich kaufte zwei sowie ein wenig Unterwäsche. Dann fuhren wir hinunter ins Souterrain, in die Lebensmittelabteilung.

Da die Restaurants in England sehr teuer sind, in London ganz besonders, wollten wir uns hier einen kleinen Imbiß kaufen, den wir dann im nahe gelegenen Hydepark zu verzehren gedachten.

Dort darf man das.

Selbst distinguierte Herren in dunklen Anzügen breiten in der Lunchpause ihre Trenchcoats auf dem Rasen aus und verzehren in Plastikdosen mitgebrachte Sandwiches.

Die Auswahl war phantastisch. Wir stürzten uns sofort auf die knusprigen Brathähnchen. Danach schwankten wir zwischen einem Becher Krautsalat auf englische oder auf kontinentale Art. Schließlich entschieden wir uns für die englische, das ist die mit Mayonnaise. Ich mag die Sauce gern, ich löffle sie aus ...

«Wir haben keinen Löffel!»

Also fuhren wir zwei Stock höher in die Haushaltabteilung. Leider führte die keine Bestecke.

«Ich lauf schnell ins nächste Geschäft und kauf einen», sagte mein Mann und bat mich, vor dem Haupteingang auf ihn zu warten und mich nicht von der Stelle zu rühren. Wir hätten uns sonst im Gedränge der Oxford Street nie wiedergefunden.

Ich stand noch keine zwei Minuten auf meinem Posten, als mich ein glutäugiger, vorzüglich gekleideter Wüstensohn ansprach. «Verzeihen Sie», sagte er in zwar holprigem, aber doch einigermaßen verständlichem Englisch, «wo sein Madamtusso? Bitte sehr, danke sehr . . .»

Zufällig hatten wir die berühmte Stätte tags zuvor besucht, so kannte ich den Weg. Ich erklärte es ihm langsam, jedes Wort betonend, wie man eben mit einem Ausländer spricht oder einem Kind. «Haben Sie verstanden?» fragte ich.

«Bitte sehr, danke schön, nein, nichts verstanden.»

Ich erklärte es ihm noch einmal: Von der Orchard Street in die Baker Street, dort, wo Sherlock Holmes gelebt hat . . .

Er nickte. Seine glutvollen Augen hingen an mir mit hundeartiger Ergebenheit. «Ich gehen zu Haus von berühmten Detektiv, bitte sehr, danke schön. Warum?»

«Sie brauchen sich nicht ständig zu bedanken», sagte ich. «Was ich hier tue, ist reine Christenpflicht. Auch mir haben schon unzählige Menschen in dieser Stadt den Weg gewiesen. (Wenn ich auch nicht so begriffsstutzig war wie du, mein Sohn.) Einen Moment . . .» Ich sprang um die Ecke. Nein, mein Mann war noch nicht zurückgekehrt. «Vergessen Sie Sherlock Holmes. Baker Street heißt die Straße, wie der Bäcker, wo du deine Brötchen kaufst ...»

«Ich nicht Brötchen kaufen wollen, ich –»

«Nein, ich weiß. Die Straße heißt so.» Ich ermahnte mich zu erhöhter Geduld, wie man sie Kindern, alten Menschen und begriffsstutzigen Wüstensöhnen entgegenbringt, die einem eines Tages womöglich den Benzinhahn abdrehen könnten. «Gehen Sie bis zur Ecke dort vorne und fragen dann wieder ...» Wo blieb der Mensch mit dem Löffel? Wo suchte er den Löffel? Im technischen Museum? Bei Sotheby's, auf einer Versteigerung von König Heinrichs Tafelsilber?

«Ich fragen, danke schön. Was fragen?»

Ich mußte mich sehr zurückhalten, um ihm nicht frank und frei meine Meinung über seinen Geisteszustand kundzutun.

«Wo Madame Tussaud ist, was sonst!»

«Entschuldigen Sie, wer sein Madamtusso?»

«Wer sein ...! Ach was. Was rege ich mich auf? Wo wollen Sie eigentlich hin, Sie armer Wirrkopf? Was wollen Sie kaufen?»

Ein Leuchten ging über sein dunkles Antlitz. «Urren. Rolex. Bitte sehr, danke schön.»

Zufällig konnte ich ihm ein solches Geschäft nennen.

Und immer noch war nichts von meinem Mann zu sehen! Statt seiner trat ein junges Ding an mich heran und erkundigte sich nach dem Weg zur Burlington-Arkade. Es hatte gräßlich gefärbtes Haar und einen unsäglich hilflosen Gesichtsausdruck. Als wäre es ständig im Begriff, erstaunt «Oh!» zu sagen. Was wollte eine solche Person in der Burlington-Arkade? Wo zum Teufel war die überhaupt?

«Hören Sie», sagte ich, mit Recht aufgebracht, «wenn ich Ihnen einen guten Rat geben darf, dann vergessen Sie die Burlington-Arkade!»

«Ach ja? Warum?»

«Warum! Warum! Man kauft dort viel zu teuer, darum! Aber bitte, wenn Sie sich ausrauben lassen wollen, gehen Sie hin, in Ihre Burlington-Arkade!»

Steckte diese Stadt denn voller Schwachköpfe, einer davon ein Mensch, der länger brauchte, um einen Löffel zu kaufen als ich für eine Wohnzimmereinrichtung?

Das Hühnchen stieß ein erstauntes «Oh!» aus und wandte sich an einen Herrn, dessen ihm am Arm hängender Regenschirm ihn als eingeborenen Londoner auswies. Er wußte es.

Ich ließ mir diese Blamage eine Lehre sein.

Obwohl es sich vermutlich nicht mehr lohnte, denn mein Mann mußte ja nun wirklich jeden Moment mit dem Löffel zurückkommen, entnahm ich der Handtasche den Londoner Stadtplan sowie den U-Bahn-Plan und breitete beides übersichtlich auf der Mülltonne neben mir aus.

Meine kleine Vorsichtsmaßnahme machte sich bezahlt.

Innerhalb der nächsten halben Stunde schickte ich eine Inderin in einem bezaubernden rosa Sari wunschgemäß zum Kaufhaus Liberty und einen Engländer, aus der Provinz vermutlich, in den Tower. Einem von seiner Truppe versprengten Sektenbruder konnte ich den kürzesten Weg zum St. James Park weisen, wo er auf seine Brüder zu stoßen hoffte. Ich sah seine Tafel, auf der stand: «Es ist später, als du denkst», noch eine ganze Weile über den Köpfen der durch die Oxford Street wogenden Menschenmenge dahinschwanken.

Ich blickte auf die Uhr; es war später, als ich dachte. Wo bloß blieb mein Mann mit dem Löffel?

Welcher Mann?

Welcher Löffel?

Übermächtiges Hungergefühl lähmte mein Hirn. Mir wurde schwarz vor den Augen. Gerade als ich in eine erlösende Ohnmacht fallen wollte, sah ich ihn.

Da stand er.

Ohne Löffel.

«Was!» schrie ich außer mir. «Du hast in keinem dieser hundert Geschäfte einen Löffel gekriegt? Einen hundsordinären Löffel! So dumm kannst nur du dich anstellen!» Der in meinen Eingeweiden wütende Hunger hatte mich in eine rabiate Bestie verwandelt. «Bleib hier stehen!» zischte ich. «Ich lauf ins nächste Geschäft, und das garantier ich dir: In fünf Minuten habe ich einen Löffel.»

Ich lief ins nächste Geschäft, und in fünf Minuten hatte ich zwar noch keinen Löffel, dafür jedoch ein Paar sehr preiswerte Handschuhe aus Wildleder. In der Geschirrabteilung kaufte ich schnell noch ein Saucenschüsselchen im Zwiebelmuster, passend zu unserem Service. Löffel hatte ich zwar immer noch keinen, aber ich würde gleich einen haben, denn die Lichter der Kristallüster spiegelten sich verschwenderisch im Silber der ausgestellten Bestecke.

«Ich brauche einen Löffel, bitte», sagte ich zu einer der bleichgesichtigen Schwarzbedreßten und erschrak über meine Stimme. Sie klang, als käme sie aus einem sehr tiefen, sehr leeren Kellerloch.

Die Bleichgesichtige hob die linke Braue.

«Einen Löffel?»

Statt einer Antwort nickte ich bloß, ich mußte meine Kräfte schonen.

«Sie meinen – nur *einen* Löffel?»

«Ja.» Ich konnte dieser traurigen Hopfenstange nicht gut sagen, wozu wir einen Löffel brauchten, nämlich, um damit unseren Krautsalat im Hydepark zu verschlingen, denn sie sah auf eine blutarme Weise so vornehm aus, daß sie das womöglich zu Tode erschreckt hätte.

Sie konsultierte eine Kollegin, währenddessen ich mich an eine Säule lehnte, um nicht umzufallen. «Tut mir leid», sagte sie, als sie wieder da war, «wir führen keine einzelnen Löffel. Aber wir hätten durchaus preiswerte Bestecke . . .»

Ich strich dieses Kaufhaus von der Liste meiner zukünftigen Einkaufsquellen.

Möglicherweise verwirrte sich mein Geist infolge des Hungers ein wenig. Jedenfalls suchte ich anschließend den Löffel im Konfektionshaus Lord John, wo ich eine schicke Bluse erstand, und danach in The Snugger Jeans. Auch hier kriegte ich keinen Löffel, verständlicherweise, da sie nur Jeans führten.

Um nicht mit leeren Händen hinauszugehen, kaufte ich einen Jeansgürtel.

Eine sicherlich ebenfalls auf den Hunger zurückzuführende plötzliche Blutleere im Gehirn erklärt es, warum ich mit einem Mal keinen Löffel mehr suchte, sondern eine passende Ansteckblume für das moosgrüne Kostümchen, das ich ein paar Minuten zuvor gekauft hatte. Wieder auf der Straße, passierte ich einen Laden für Campingausrüstung. Irgend etwas von dem Plunder in der Auslage zog meine Blicke auf sich. Es war ein Löffel.

Er lag in einem Campingkoffer, der Löffel.

Na also.

Schwankend unter der Last meiner Pakete und den Auswirkungen unserer Nulldiät betrat ich den Laden und verlangte von einem der herumlungernden jungen Lümmel einen Löffel.

«Haben keinen», sagte der.

Ich explodierte. «Haben Sie nicht! Ach nein! Und was ist mit dem in der Auslage?»

«Gehört zur Dekoration», sagte der Bandit und ließ mich stehen.

Ich schwor, in diesem Drecksladen keinen Penny auszugeben – abgesehen von den neun Pfund neunzig für eine Windbluse –, und ging.

Ich betrat das nächste Juweliergeschäft, kaufte für zwanzig Pfund ein Taufbesteck, verstaute den Löffel in der Handtasche, versteckte den Rest des Silberzeugs zwischen den neuen Klamotten und kehrte zurück zu Krautsalat, Brathähnchen und Mann, jenem Mann, der nicht fähig war, in einem der phantastischsten Einkaufsparadiese der Welt einen Löffel aufzutreiben.

Immer muß ich alles selber machen.

Am nächsten Tag verließen wir London, und damit fanden unsere Ernährungsprobleme schlagartig ein Ende. Für die kommende Woche waren wir nämlich bei unserem alten Freund Roger eingeladen.

Roger lebte mit Frau und Söhnchen in einem reizenden, zwei Jahrhunderte alten Häuschen, einem Häuschen, das, wie wir beim Näherkommen feststellten, vom Gebrüll seines Söhnchens erzitterte.

«Er ist momentan in seiner Trotzphase, der kleine Schatz», meinte Roger lächelnd. «Am besten, man beachtet ihn gar nicht.»

Wir gaben ihm recht und taten unser Bestes, Klein-Andrew nicht zu beachten, wenn das auch einigermaßen schwierig war, denn er spielte mit einem sehr kompakten Holzzug Zusammenstoß und wählte als Gegenzug unsere Beine.

Kathy, Rogers Frau und Mutter des kleinen Monsters, hatte sich in die Küche verzogen. Wir atmeten auf. Es war sechs. Um die Zeit gab es bei uns daheim üblicherweise das Abendessen, wie auch unsere Mägen es unmißverständlich meldeten. Da wir eingeladen waren, hatten wir auf den Lunch (ein Kupplungsseil) und auf den Nachmittagstee (Scheinwerferglas) verzichtet, um uns einen gesunden Appetit zu bewahren und unsere Gastgeber nicht zu vergrämen.

«Ein Löffelchen Zucker oder zwei?» rief Kathy aus der Küche.

Der Schock raubte mir beinahe die Stimme. Sollte diese Person jetzt den Tee zubereiten, so bedeutete das zumindest noch eine Stunde bis zum Abendessen.

«Zwei für mich bitte!» krächzte ich.

Zu gern hätte ich vier verlangt, denn Zucker hat immerhin einen gewissen Nährwert, aber ich genierte mich. Die englische Sitte, den Tee schon vorher mit Milch und Zucker zu versehen anstatt beides auf den Tisch zu stellen, hat entschieden ihren Nachteil.

Inzwischen ließ Klein-Andrew den Zug gegen unsere Knöchel krachen, und dann kam mit entsetzlichem Geheul die Ambulanz, um die Leichen einzusammeln. Es übertönte unsere knurrenden Mägen.

«Am besten, man beachtet ihn gar nicht», murmelte Roger. «Kinder in seinem Alter sind nun einmal so.»

«Beim Herfahren habe ich hier ganz in der Nähe eine Brombeerhecke gesehen», raunte mir mein Mann zu. «Die Brombeeren müßten eigentlich schon reif sein . . .»

Er schüttelte Klein-Andrew ab, der sich in sein Bein verbissen hatte, und ging hinaus, wobei er mit der Stirn gegen den Türrahmen krachte.

Inzwischen war es acht geworden, und immer noch gab Kathy keinerlei Anzeichen von sich, ihren Pflichten als Hausfrau und Gastgeberin nachzukommen. Ich beschloß, auf den Busch zu klopfen. «Um diese Zeit werden wir daheim schon wieder hungrig», sagte ich. «Wir essen nie nach sieben. Wann ißt man hier eigentlich normalerweise zu Abend?»

«Ach, das ist ganz verschieden», entgegnete Roger und wich mit viel Routine einem durch die Luft segelnden Waggon aus. «Die einen früher, die anderen später.»

«In Spanien», brüllte ich, um das kleine Monster zu übertönen, «in Spanien ißt man unheimlich spät. Dabei ist das schrecklich ungesund.»

«Ach, warum?» fragte Roger und ging blitzschnell vor einem weiteren Geschoß in Deckung. Es traf die Stehlampe.

«Weil einem das Essen dann im Magen liegt. Wir essen daheim übrigens nie später als sieben.»

Aber auch das verfehlte seine Wirkung auf dieses phlegmatische britische Gemüt.

«Deine Hände sind ganz blau . . . Sind sie schon reif?»

«Es geht . . . Was, immer noch kein Essen?»

Kathy erschien mit heiterem Lächeln aus der Küche. «Zeit fürs Hammipappi, mein Schätzchen.»

Gegen das Gebrüll, das das kleine Ungeheuer jetzt von sich gab, war alles Vorhergegangene nichts weiter als ein sanftes Präludium gewesen.

Roger seufzte. «Er ißt in letzter Zeit so gut wie nichts. Das meiste bleibt im Teller. Nun ja, Kinder ... Am besten, man beachtet es nicht.»

Das meiste im Teller ... ißt fast nichts! Schlagartig verhalfen mir diese Worte zu einer himmlischen Vision von einem Teller voll köstlichem Grießbrei, womöglich mit Kakao und Butter ...

«Und wer wird heute das süße kleine Schätzchen füttern?» gurrte ich. «Die liebe Tante.»

«Nein, nein, bleib du nur sitzen. Ich mach das schon!»

Mein Mann, der Schuft, war aufgesprungen und angelte sich das brüllende Monster, bevor ich Zeit gehabt hatte, mich von dem Schlag zu erholen.

Beide verschwanden in Richtung Küche. Aber er hatte sich getäuscht, wenn er dachte, ich gäbe kampflos auf. Ich wetzte hinterher.

«Kinderfüttern ist Frauensache!» zischte ich.

«Red keinen Quatsch. Das höre ich von dir zum erstenmal.»

«Es war meine Idee!»

Ich versuchte, ihm den inzwischen blaurot angelaufenen Knaben zu entwinden.

«Um Himmels willen, sei gnädig!» wimmerte er. «Wenn ich nicht gleich was in den Magen kriege, falle ich um.»

«Ach, und ich vielleicht nicht? Du hattest immerhin die Brombeeren.»

Wenn es ums nackte Überleben geht, ist sich schließlich jeder selbst der Nächste. Durch ein paar gezielte Tritte gegen sein Schienbein brachte ich Klein-Andrew in meinen Besitz und bugsierte den bösen Onkel aus der Küche.

«Laß sehen, ob das Breichen nicht zu heiß ist, Mausilein . . .»

Ich kostete einen Löffel voll, ohne auf das Gejammer vor der Tür zu achten.

Es schmeckte himmlisch. Obenauf schwamm ein goldener Butterteich. Ich mußte mich mit Gewalt zurückhalten, um das Zeug nicht auf der Stelle zu verschlingen. Nur in Hinblick darauf, daß es mir bei Klein-Andrews schlechtem Appetit ohnehin nicht davonlief, konnte ich mich beherrschen.

Klein-Andrew stieß mir seinen Fuß in den Magen, danach öffnete er sein Mäulchen und verschlang den ersten Happen.

Seine Mutter steckte den Kopf durch den Türspalt. «Na, wie geht's euch beiden? Wenn er nicht mehr will, dann laß nur. Ihn zum Essen zu zwingen, wäre gänzlich falsch, nicht wahr?» Sie seufzte. «Auch wenn er momentan wirklich nur ißt wie ein Spätzchen . . .»

Aber die nächsten Minuten zeigten, daß dieses verfluchte Kind keineswegs aß wie ein Spätzchen, es verschlang den Brei vielmehr wie ein ausgehungerter Lämmergeier. Verzweifelt versuchte ich zu retten, was noch zu retten war, und flötete: «Jetzt hat mein Schätzchen aber schon ein volles Bäuchlein, nicht wahr?»

«Nein!» brüllte das Schätzchen, umklammerte mein Handgelenk, griff mit der freien Hand in den Brei und stopfte sich den Rest in den Mund.

«Was sagt ihr dazu: Das Engelchen hat alles ratzeputz aufgegessen. War er nicht brav?» Nur mit allergrößter Mühe gelang mir so etwas wie ein Lächeln.

Roger und Kathy freuten sich sehr.

Mein Mann freute sich noch mehr. Sein hämisches Grinsen verletzte mich zutiefst. «Versuch's doch mit den Brombeeren», zischelte der Unmensch.

Ich wankte ins Freie.

Folgendes wäre vermutlich nicht passiert, hätte ich mich nicht hinter der Brombeerhecke auf den Boden gesetzt, um meine Kräfte zu schonen. Deshalb bemerkte Roger mich nicht, als er wenige Minuten später aus dem Haus gestürzt kam. Er rannte an mir vorbei, einem nahe gelegenen Eichenwäldchen zu. Dabei brüllte er, sich die Haare raufend: «Ich werde verrückt! Dieses Kind bringt mich ins Grab! Ins Grab! O Gott, was habe ich getan, daß du mich mit einem solchen Monster strafst?»

Es war ein tragischer Anblick. Brüllend, riß dieser Verrückte Äste von den Bäumen und schleuderte sie um sich. Zweifellos hatte er den Verstand verloren. Schon wollte ich ins Haus stürzen, um die anderen zu alarmieren, als ich erkannte, daß Roger sich beruhigt hatte.

Als er jenseits der Hecke vorbeiging, hörte ich ihn murmeln: «So, du hast dich jetzt abreagiert, Roger. Du bist jetzt wieder ganz ruhig, Roger. Du regst dich nicht mehr auf, Roger. So ein Kind braucht unendlich viel Geduld, und du hast diese Geduld, Roger, wie auch deine Eltern sie hatten und alle guten britischen Eltern vor ihnen ...»

Im Haus brühte Kathy zum drittenmal Tee auf. Es war kurz nach neun.

Um zehn Uhr dreißig schob Roger die Couch an die

Wand seines Häuschens und rückte an ihre Stelle einen bis dahin hinter dem Vorhang versteckten Klapptisch. Mit einigem Geschick gelang es ihm auch, vier Stühle dazuzuquetschen. Einer hatte allerdings nur noch im offenen Kamin Platz. Gottlob war der groß genug, um einem kleingewachsenen Menschen wie Kathy in leicht gebückter Stellung Platz zu bieten.

Um elf Uhr fünfzehn trugen beide das Abendessen auf – ein farbenprächtiges Arrangement von sechs Tomatenscheiben, einem Fingerhut voll Bohnen, Karotten und Erbsen, vier hauchdünnen Rindfleischscheibchen mit einem fröhlichen Häufchen Kartoffelsalat in der Mitte, garniert von einer Selleriestange und zwei neckischen Blättchen Salat.

Meinen Magen tröstete ich damit, daß ihm um diese Zeit etwas Kompakteres ohnehin nicht guttun würde, und stürzte mich auf den Selleriestengel . . .

Nach einer Woche Zwangsdiät mit Kathys mitternächtlichem Hasenfutter faßte ich die überflüssige Weite meines Rockbundes mit einer Sicherheitsnadel zu einem gefällig über die linke Hüfte fallenden Faltenwurf zusammen und verfaßte für das «Kärntner Tagblatt» einen Artikel mit der Überschrift «War Twiggy wirklich eine Abnormität?», der mit dem Satz endete: «Dieses Mädchen war nichts anderes als das normale Ergebnis normaler britischer Eßkultur.»

Er brachte mir fünfhundert Schilling ein sowie zahlreiche Zuschriften von Lesern, die mir schrieben, sie würden sehr wohl ein paar sehr dicke Engländer kennen.

Ich nahm es gelassen hin. Inzwischen war ich wieder daheim und gestärkt an Leib und Seele . . .

Gibt's was Schöneres als einen Familienurlaub?

Vielleicht war es nicht ganz der richtige Zeitpunkt, als ich diese Frage stellte. Vielleicht stellte ich sie auch nicht an die richtige Person. Eigentlich hatte ich es nur so dahergesagt, um die Zeit zu überbrücken, während das lauwarme Wasser in den Betontrog tröpfelte, in dem ich meine Plastiknäpfchen wusch. Ich kannte die Frau neben mir kaum. Ich wußte nur soviel: Sie hatte einen Mann, der sich nur vom Klappstuhl vor dem Wohnwagen erhob, um sich eine neue Flasche Bier aus dem Kühlschrank zu holen, zwei Kinder, die unter dem Namen «diese verdammten Bengel» bekannt waren, und um die Mitte herum jene Kilos, die sie sich angefuttert hatte, als sie die Reste des Grießbreis aufaß.

Sie hörte einen Moment lang auf, am angebrannten Topfboden herumzukratzen, warf mir einen giftigen Blick zu und sagte: «Was Schöneres als einen Familienurlaub? Ja. Heiße Kartoffeln schälen.»

Fortan ging ich ihr aus dem Weg.

Ich selbst fühlte mich ziemlich verloren auf diesem Campingplatz bei Grado, auf dem wir einst mit unseren Kindern so viele heitere Ferientage verlebt hatten. Alles erinnerte mich an verlorenes Glück: das Meer, in dem sie mit Schwimmflügeln an den dünnen Ärmchen ihre ersten Schwimmversuche gemacht hatten, der Pappelstamm, an dem wir stets den Strick befestigt hatten, auf dem ihre Badehosen trockneten. Wehmütig strichen meine Finger über die Borke.

«Geht's Ihnen nicht gut?» fragte eine junge Frau mit einem nackten Baby auf dem Arm.

Ich schüttelte den Kopf und murmelte: «Ich bin bloß auf einer Wallfahrt.»

Ich hätte nicht herkommen sollen.

Wenigstens konnte ich mir den Vorwurf ersparen, ich hätte mit meinen Kindern zu wenig unternommen. Die Wanderung durch die wilde Heide von Wales zum Beispiel, die Nächte im Zelt unter dem Sternenhimmel, die Lieder, die wir sangen, während wir die frisch gepflückten Wiesenchampignons putzten . . .

«Könnt ihr euch dran erinnern, Kinder?»

«Klar. Ihr habt gedroht, ihr würdet uns in der Wildnis aussetzen, wenn wir nicht spurten, und daß es dort noch Bären gäbe und Wölfe.»

«Aber schön war es trotzdem. Eine bleibende Erinnerung.»

«Ja», sagte meine Tochter. «Die Stelle, wo ich die eitrige Blase an der Ferse hatte, spür ich heute noch.»

Ich fürchte, damit muß man rechnen. Wer Dank erwartet, sollte seinen Hund spazierenführen. Das war mir auch völlig klar, als ich mich auf jene Radtour durch Schottland einließ.

Damals hätte nicht viel gefehlt und man hätte einen Fernsehfilm fürs Familienprogramm mit uns gedreht, so lieb sahen wir aus. Wie Mama Duck mit ihren Entlein.

Nur in den Momenten, wo ich bei Wetterumschwung

mein linkes Knie spüre, erinnere ich mich daran, wie es wirklich war: Den Kleinen hatten sie mit Marsriegeln bestochen, damit er an meiner Seite blieb und auf mich achtgab. Weil ich das Geld bei mir hatte. Als ich innerhalb von fünf Tagen meinen zweiten Sherry trank, trauten sie mir in der Beziehung nicht mehr.

Wenn ich ihnen nach Stunden, in denen ich mir die Lunge aus dem Leib gestrampelt hatte, nachkam, pflegten sie mich mit den aufmunternden Worten zu empfangen: «Wir haben schon gedacht, du schaffst es nicht mehr. Na ja, in deinem Alter . . .»

In den Jugendherbergen weigerten sie sich, mit mir am selben Tisch zu sitzen, und entgegneten auf die Frage, ob sie mich kannten: «Die? Nicht direkt. Sie fährt bloß dieselbe Strecke.»

Aber schön war es trotzdem damals.

Alles im Leben hat seine rechte Zeit.

Ob ich das heute noch durchstehen könnte, bezweifle ich allerdings stark. Daß meine Nerven wirklich nicht mehr das sind, was sie einmal waren, wurde mir an jenem Tag klar, als ich in dem Chinarestaurant, in dem ich hin und wieder esse, das kleine Monster, das neben mir mit zwei Eßstäbchen auf den Tisch drosch (während seine Eltern in der anderen Ecke des Speisesaals seelenruhig ihre Pekingente mampften), bei den Schultern packte, es in Richtung seiner Eltern drehte und honigsüß sagte: «Geh und schlag deinen lieben Papi auf den Kopf, Kleiner, er wird sich freuen.»

Vor zwei Jahrzehnten hätte ich mich noch besser beherrscht.

Damals hätten mir auch Filme wie der, den mir mein Nachbar Gottlieb R. von seiner Radtour rund um den Neusiedler See vorführte, nur halb soviel Vergnügen bereitet wie heute. Ich habe mich krumm gelacht dabei.

«Das war bei unserer Ankunft am Bahnhof in Neusiedl», gab Gottlieb seine Erklärung bei den ersten Szenen ab.

Man sieht ihn vier Fahrräder aus dem Waggon stemmen, Satteltaschen schleifen und sie auf die Räder laden, eine verbogene Lenkstange zurechtbiegen, Zelt- und Schlafsackrollen schleppen und mit vielen Gummispannern befestigen, alle Räder aufpumpen, sich den Schweiß von der Stirn wischen, während die eine Tochter (16) mit einem jungen Eisenbahner schäkert und die andere (12) im Schatten hockt und schmollt. Die Gattin hat gefilmt.

«Und das war in Bodersdorf. Unser erster Zeltplatz. Es hat nach einem Sturm ausgesehen ...»

Gottlieb kriecht auf allen vieren auf dem Boden herum, räumt Steine und Zweige weg, kämpft mit Sturm und Zeltplane, während die eine Tochter (12) ein Zipfelchen davon festhält und dabei so angeekelt aussieht, als hätte sie eine Klapperschlange am Schwanz, und die andere (16) sich mit Toilettentäschchen in Richtung Waschraum entfernt. Gottlieb schlägt Heringe ein, flitzt einer davonfliegenden Nylonhülle nach, bläst Luftmatratzen auf, räumt, während die ersten Tropfen fallen, eiligst alle Habseligkeiten ins Zelt.

«Leider hat es zu regnen angefangen. Nicht, daß es mir was ausgemacht hätte. Ich mag es, bei Regen im Zelt zu sitzen. Aber die Mädchen und meine Gattin – na ja, Sie wissen ja, wie Frauen so sind ...»

Selbst wenn ich es nicht gewußt hätte, man konnte es sehen: Gottlieb sitzt einsam und verlassen unter der tropfenden Plane, eine Dose Ölsardinen in der einen und ein Stück Brot in der anderen Hand. Schwenk auf die beiden Töchter, die sich eilends in Richtung Imbißstube entfernen ...

Das war das letzte Bild aus Bodersdorf. Auch die Gattin ging ins Restaurant.

«Und hier fahren wir den See entlang ...»

Rechts eine Wand aus Schilf, in Bildmitte ein Radweg, auf diesem vier Radfahrer: die eine Tochter (16) neben einem jungen Mann mit strammen, braungebrannten Waden, fröhlich winkend, auf ihrem Gepäckträger ein neckisches Rucksäckchen von der Größe einer Wassermelone ... Das andere Töchterchen (12) blickt über die Schulter zurück in die Kamera mit der Miene einer Märtyrerin, kurz bevor sie den Scheiterhaufen besteigt. Und dahinter Gottlieb. Von ihm sieht man nur das verblichene Radfahrkäppchen über einem Berg von Gepäck.

Am nächsten Tag wurde die Gattin von einem Hexenschuß ereilt, als sie sich von der Luftmatratze erhob, und man fuhr heim. Sie ist solchen Strapazen nicht mehr gewachsen. Und die Töchter fahren mit einem Langweiler wie ihrem Vater ohnehin nie mehr mit ...

«Sie wollen sagen, es macht Ihnen tatsächlich nichts aus, wenn Ihr Sohn sich um vier Uhr früh, so behutsam wie ein durchs Unterholz krachender Keiler, ins Hotelzimmer schleicht und impertinent nach Bier und kaltem Zigarettenrauch stinkt?» fragte Erika. Wir treffen uns noch hin und wieder und reden über die alten Zeiten, als wir beide im Krankenhaus im selben Zimmer lagen.

Ich schüttelte den Kopf. «Nicht das geringste.»

«Wirklich? Und wenn Ihre Tochter sich mit einem unerfreulichen Typ herumtreibt und das Hotelzimmer nur als Garderobe benützt?»

Auch dazu schüttelte ich den Kopf. «Überhaupt nicht.»

Sie seufzte. «Ihre Nerven möchte ich haben.»

«Das hat nichts mit meinen Nerven zu tun. Ich sorge einfach nur dafür, daß die Betten weit genug auseinanderstehen.»

«Ach nein! Und das hilft? Daß die Betten – wie weit auseinander?»

«Das von meinen Söhnen in Griechenland, das meiner Tochter in Rimini und meines im Zillertal.»

Aber um strikt bei der Wahrheit zu bleiben: Meine Kinder wollen schon lange nicht mehr mit mir gemeinsam Urlaub machen.

Von dem Moment an, wo sie die Windelhosen aus- und die Jeans anziehen, ist diese Generation wild entschlossen, die Welt ohne den lästigen Ballast von uns Eltern kennenzulernen.

Ehrlich, wenn ich ein Paar sehe, das mit einem Kind unterwegs ist, das den Stimmbruch bereits hinter sich hat, schaue ich automatisch nach seinem Gelenk. Ob ich Handschellen sehe.

Mein zweiter Gedanke ist: Mit was haben die es in der Hand? Denn daß da nur massive Erpressung dahinterstecken kann, ist offensichtlich. Eventuell noch Bestechung. Aber ich bezweifle, ob ein normal verdienendes Elternpaar heute noch eine solche Summe aufbringen könnte. Ich konnte nur müde lächeln, als ich eine Bekannte davon schwärmen hörte, wie sie, sobald ihre

Tochter alt genug sein würde, mit ihr Städte wie Rom und Paris bereisen würde, und von der gemeinsamen Besichtigung des Louvre faselte.

Als ihre Tochter alt genug war, bekam sie aus Rom eine Ansichtskarte und aus Paris einen Anruf mit der Bitte, expreß Geld zu überweisen.

Sie hatte zu lang gewartet.

Sie hätte mit ihrer Tochter nach Rom und Paris reisen sollen, als diese noch nicht wußte, was das Wort «Inter-Rail» bedeutet.

Ich habe mich längst damit abgefunden. Mir würde nicht im Traum einfallen, mich zu grämen, wenn meine Söhne mit ihren Freundinnen verreisen. Die jungen Leute wollen unter sich sein.

«Was sagst du? Wer war noch mit? Wer? Ihre Mutter?» Ich spürte, wie sich mein Magen verkrampfte. «Und wer saß im Auto vorne?»

Als er es mir gesagt hatte, nahm ich den Pudding aus dem Kühlschrank und spülte ihn das Klo hinunter.

Auch der großmütigste mütterliche Großmut hat irgendwo seine Grenzen.

Worüber haben wir in Krk gestritten?

Man könnte mich erschlagen, ich weiß es nicht mehr. Ich weiß nur noch, daß wir einen ganzen Tag lang (ein Zehntel unseres Urlaubs!) stumm und gallebitter nebeneinanderher getrottet waren und es mir nicht das geringste ausgemacht hätte, wenn Alex von der Festungsmauer ins Meer gefallen wäre.

Die ersten Worte, die mir dann gegen Abend über die Lippen kamen, waren die Antwort auf seine Frage, was ich trinken wollte: «Mir egal.»

«Für mich ein großes Bier und für die Dame ein kleines Miregal», sagte Alex.

Daraufhin kriegte ich einen süßlichen Schnaps von goldgrüner Farbe. Obwohl ich fest entschlossen war, an dem Tag alles zu hassen, mußte ich zugeben, daß er gar nicht so übel war.

Ich gestehe es nur ungern ein, aber es ist nun einmal nicht zu leugnen – ein Streit pro Urlaub scheint dazuzugehören wie die übliche Magenverstimmung.

Glauben Sie mir, ich weiß, wovon ich rede. Meinen Streitmarathon absolvierte ich bereits im zarten Alter von achtzehn Jahren und fünf Monaten, auf dem Weg nach Australien mit jenem jungen Mann, mit dem ich meine Zukunft verbringen wollte. In Salzburg fingen wir zu streiten an und stritten uns, von kurzen Schlafpausen abgesehen, durch die restlichen Tage, die uns noch in der Heimat beschert waren. Da wir uns keine Mahlzeiten im Restaurant leisten konnten, es im Zimmer keinen Fernseher gab und es zum Spazierengehen zu kalt war, konnten wir uns völlig aufs Streiten konzentrieren.

Es kommt nicht oft vor im Leben, daß man sich so völlig einer Sache widmen kann.

Nachdem wir unsere wackeligen Beine auf australischen Boden gesetzt hatten, stritten wir, wer von uns beiden auf diesem fünftägigen Flug in der alten Rumpelkiste mehr gelitten hatte. (Sollte nach meinem Ableben eine Einweisung ins Fegefeuer erfolgen, so werde ich auf alle Fälle beantragen, daß diese fünf Tage als Vorleidenszeit in Abzug gebracht werden.)

Ich mit meinem Abszeß am Schneidezahn lag da unbedingt vorne. Aber das wollte er partout nicht zugeben. Er spielte sein bißchen Bauchweh zu einer Gallenkolik hoch. Lächerlich. Der junge Spund wußte damals noch gar nicht, wo er seine Galle hatte.

Wer nun denkt, wir stritten uns, weil wir uns nicht leiden konnten, der ist auf dem Holzweg. Wir liebten uns. Den Alltag kriegten wir auch ganz nett hin.

Aber es erging uns wie dem Großteil der Menschheit: Sobald einer seine gewohnte Umgebung verläßt, gerät sein kompliziertes Innenleben aus den Fugen wie ein von der Umlaufbahn abgekommener Stern.

Das ist ganz normal.

Ich möchte den sehen, der noch lächelt wie ein Buddha, wenn er gerade in öltriefendes Blattzeug gewickeltes, mit Höllenfeuer gewürztes Hammelfleisch gegessen und dazu eiskalte Cola getrunken hat.

Männer sind in der Beziehung noch viel empfindlicher als wir Frauen. Das sollte man sich in jeder Minute, die man zusammen auf Reisen ist, vor Augen halten. Insbesondere der Umgang mit Ehemännern, die schon längere Zeit verheiratet sind, jedoch noch nicht lange genug, um den Stand resignierter Abgeklärtheit erreicht zu haben, erfordert Fingerspitzengefühl. Wenn Sie einem Mann, der schon erschrickt, sobald er statt Schnittlauch Petersilie auf der Suppe schwimmen sieht, in rosa Sauce getunkte Engerlinge vorsetzen, brauchen Sie sich nicht zu wundern, wenn er ausflippt.

Über die Frage «Wer ist schuld, wenn im Urlaub etwas schiefgeht?» könnte man nächtelang diskutieren. Dabei ist es so schnell gesagt: Schuld ist immer der, der diesen Urlaub wollte, ihn plante, die Tickets und das Hotelzimmer buchte und vermutlich auch bezahlte, Landkarten studierte, Ausflüge zusammenstellte und durchführte, in vielen Stunden mühsam die Landessprache erlernte und die Reiseapotheke eingepackt, jedoch – natürlich! – die Kohletabletten vergessen hat.

Der andere, der nichts getan und demnach auch nichts falsch gemacht hat, braucht nur zu kritisieren und darauf hinzuweisen, daß er es besser gemacht hätte.

«Genau wie mein Mann», sagte Frau Maier-Nägelein, die ich übrigens auch von meinem letzten Spitalaufenthalt her kenne. «Nichts tut er von sich aus, zu allem muß ich ihn überreden und mitschleppen, aber dann kritisieren, das kann er!»

Er ist zwar schon im Ruhestand, aber kritisieren mag

ihm von seinem Beruf her noch in den Knochen liegen. Er war während seiner gesamten politischen Laufbahn in der Opposition. Sie hatten eine Busreise nach Spanien hinter sich. Die erste Reise seines Erwachsenenlebens, die ihn näher an jenes obskure Geschöpf, den Wähler, gebracht hatte, als es in einem Erste-Klasse-Coupé der Bundesbahn üblich ist. Es hatte ihn sehr erschreckt.

Nein, versicherte mir Frau Maier-Nägelein, diese Reise war kein Erfolg. «Bis zur Zwischenübernachtung in Ventimiglia sprach er mit mir kein Wort, weil er nicht in der ersten Reihe sitzen durfte. Das Dosenbier war ihm nicht kalt genug, die Musik zu laut, und es paßte ihm nicht, daß der Busfahrer das Lenkrad nur mit einer Hand hielt. Alles meine Schuld. Im Hotel ließ er den Manager holen und verlangte, daß ihn die Kellner mit seinem Titel ansprachen. Er bestand darauf, die Küche zu inspizieren, tat's und beanstandete die Fingernägel des Küchenjungen. Schuld war ich. Ich hatte dieses Hotel ausgesucht. Am Pool wollte er eine reservierte Liege und machte mich dafür verantwortlich, daß er keine kriegte. Egal, was schiefging, schuld war ich.»

«Vielleicht hätten Sie nicht gleich nach Spanien mit ihm fahren sollen. Das verlangt viel Anpassung.» Ich riet ihr, mit ihrem Mann klein anzufangen.

Auf dem Kinderspielplatz im Park zum Beispiel, da konnte er demokratisches Verhalten von der Pike auf lernen. Der nächste Schritt wäre eine Tagesreise zu den Königsschlössern. Mit Schwerpunkt auf geduldigem Schlangestehen.

Danach könnte sie es eventuell mit einer kurzen Busreise versuchen, einer sehr kurzen.

Allerdings, so meinte ich, würde ich ihr von der spanischen Küstenregion abraten. Die hat schon robustere, mit den Spielregeln des modernen Massentourismus bestens vertraute Naturen fertiggemacht.

«Was mich am meisten nervte», sagte meine Freundin Flo am Ende eines langen Klageliedes, «war seine verdammte Schlamperei. Ständig schmiß er seine Handtücher auf meinen Halter. Überall verstreute er seine Klamotten. Und glaubst du, er wäre imstande gewesen, seine Toilettensachen auf seiner Hälfte des Badezimmerschranks abzustellen! Wirklich, der Mensch machte mich fix und fertig. Ich war heilfroh, als wir wieder abreisten.»

Was hat sie erwartet? Von einem eingefleischten Junggesellen? Gut, sie mochten friedlich das Bett miteinander geteilt haben. Aber es gehört schon mehr dazu als ein bißchen Liebe und Leidenschaft, wenn es um die gemeinsame Benützung von Badezimmerschränken und Handtuchhaltern geht.

«Ihr hättet zwei Einzelzimmer nehmen sollen.»

«Bist du verrückt? Das hätte er nie gewollt. Was sollen die Leute denken von einem Mann, der mit seiner Freundin nicht im selben Zimmer schläft?»

Darin mußte ich ihr recht geben. Die Zeiten, als man es sich aus Gründen der Moral in einem Einzelzimmer gemütlich machen konnte, sind leider Gottes vorbei.

Eine andere Gefahr sind die hohen Erwartungen, die besonders wir Frauen in den Urlaub setzen. Das muß ja schiefgehen. Die Frau, die sich einbildet, aus ihrem fettwanstigen, muffligen Frosch würde ein galanter Prinz werden, nur weil ihn die Sonne Mallorcas auf die Glatze küßt – also bei der ist doch eine Enttäuschung vorprogrammiert . . .

Wir hörten uns das Gezeter im Hotelzimmer nebenan schon eine Weile mit an. Aber als sie darüber zu streiten begannen, ob man Strandgebühren bezahlen muß, wenn der Schatten eines Liegestuhls auf jenen Fleck Sand fällt, wo er sein Handtuch ausgebreitet hat, fand ich, daß es an der Zeit war, dem Unfug ein Ende zu bereiten. Es war zehn Minuten vor Mitternacht.

Ich klopfte mit meinem Buch gegen die Wand hinter dem Bett und sagte: «Könnten Sie vielleicht Ihren Disput morgen früh fortsetzen, wenn möglich außerhalb des Zimmers, bitte?»

Es war nicht nötig, die Stimme zu erheben, denn das Rascheln, das entsteht, wenn man im Zimmer nebenan ein Taschentuch aus der Packung zieht, war ohne weiteres zu hören.

Drüben war es einen Moment lang ruhig, dann sagte die männliche Stimme aufgebracht: «Sie haben keine Ahnung, was ich mitmache! Dieses Weibsbild macht mich verrückt –» Man hörte einen gurgelnden Laut, als würde jemand der Mund zugehalten, dann ging es weiter: «Vor jedem Essen wischt sie den Gläserrand ab und poliert das Besteck mit der Serviette, und zwar so, daß es alle sehen können –»

«Na und? Ist das vielleicht verboten? Wenn er seine Biergläser abwischen wollte, hätte er eine ganze Menge zu tun.»

«Sehen Sie, sie keift über jedes Gläschen Bier. Aber sie kauft sich ein Paar Schuhe nach dem anderen, dabei kriegt sie bei ihren Hühneraugen ohnehin keine, die ihr passen. Und immer muß sie den Fensterplatz haben und das Bett mit der besseren Matratze und beim Essen den Stuhl mit dem Rücken zur Wand –»

«Hören Sie nicht auf ihn!» unterbrach die weibliche Stimme. «Er spinnt doch. Und wissen Sie was? Er trägt immer diese Sonnenbrillen mit Spiegelglas und bildet sich ein, ich wüßte nicht, warum. Damit ich nicht sehe, wie er den Weibern nachgafft. Darum –»

«Hast du nicht auch solche, mein Honigkuchenpferdchen?» murmelte ich zur anderen Bettseite hin.

Die weibliche Stimme meldete sich erneut. «Immer behauptet dieser Depp steif und fest, er kennt den richtigen Weg, und die halbe Zeit ist es dann der falsche.»

Daraufhin er: «Sind Sie schon einmal mit einer Irren durch einen Ort gegangen, die jeden Ansichtskartenständer mindestens dreißigmal rotieren läßt und dann immer noch keine Karte nimmt?»

«Hören Sie, wenn Sie sich so auf die Nerven gehen, dann fahren Sie doch getrennt in Urlaub», sagte Alex.

«Sagen Sie ihr das!» rief die männliche Stimme herüber. «Ich sage ihr das schon seit dreißig Jahren!»

«Das würde ihm so passen, dem Weiberheld!» schrie die weibliche Stimme aufgebracht.

Von unten und von der Seite her wurde gegen die Wand geschlagen, mehrere Stimmen brüllten: «Ruhe!» und eine: «Oder ich hole den Nachtportier!»

Daraufhin wurde es nebenan stiller, aber wir hörten ihr hitziges Gemurmel noch so lange, bis wir endlich einschliefen.

Ich fürchte, die beiden haben sich nicht an den vortrefflichen Ratschlag gehalten, jeglichen Streit vor dem Einschlafen zu bereinigen.

Am nächsten Tag sahen wir sie mit einem anderen Ehepaar dem Strand zugehen. Die beiden Männer gingen voraus, die Frauen ein gutes Stück hinterher. Ihren heftigen Mundbewegungen nach zogen sie kräftig über ihre Ehemänner her.

Gut. Sie hatten die bestmögliche Lösung gefunden.

Es dürfte ihren Urlaub gerettet haben.

«In Zukunft», sagte ich zu Hause beim Abendessen im Kreis der Familie und warf Alex einen vielsagenden Blick zu, «werde ich es mir genau überlegen, mit wem ich wohin fahre ... Wir waren die einzigen, die auf der Terrasse des Ocean Beach Hotels in Waikiki mit Bergschuhen am Tisch saßen und auf den Schultern weiße Striemen hatten – von den Rucksackträgern.»

«Ah, ja», Alex nickte. «Jetzt kommt Hawaii an die Reihe. Dort fährt eure Mutter mit mir auch nicht mehr hin.»

Nun, sagen wir es so: Wenn ich die Wahl hätte zwischen Tom Selleck und einem Mann, der sich, bevor er in Honolulu aus dem Flugzeug steigt, den Kilometerzähler um die Waden schnallt, dann würde ich gut darüber nachdenken ...

Hawaii: Magnum immer dabei

Ich kannte Hawaii aus dem Time-Life-Buch sowie aus einschlägigen Fernsehserien wie «Traumschiff», «Magnum» und den vortrefflichen Universum-Filmen schon ziemlich gut, bevor wir vergangene Weihnachten dorthin flogen.

«Komm, setz dich her zu mir», sagte ich eines Abends kurz vor unserer Abreise zu Alex, «jetzt erzähle ich dir ein paar Dinge über Hawaii ... Die Frauen kleiden sich dort in nachthemdähnliche geblümte Kleider, sogenannte Muumuu, oder in kurze Hularöckchen, ausgenommen die reichen Witwen, die in Waikiki hinter den Beachboys her sind, die tragen viel zu grelle Hosenanzüge und kiloweise Schmuck. Die Sonne scheint immer, die Palmen fächeln mit ihren Wedeln in der sanften Brise, das Meer hat dort wilde Wogen, wo die braungebrannten jungen Männer auf ihren Surfbrettern dahinflitzen, und dort keine, wo die übrigen Touristen baden und ihnen die bunten Fischlein um die Zehen schwimmen. Überall und immerzu gibt's diese hübsche Hulamusik, zu der man tanzt mit duftenden Blumenkränzen im Haar und um den Hals. Alle Menschen lächeln freundlich, sogar die Kellner, sogar wenn man ihnen zu wenig Trinkgeld gibt. Man friert nie. Und niemand tut einem was Böses an, und wenn doch, dann kommt sofort Mr. Selleck in seinem schnuckeligen roten Auto angebraust und fängt den Bösewicht ein. Aber das passiert nicht oft, nur montags zwischen 20.15 und 21 Uhr. Es werden zarte junge Schweinchen, in Bananenblätter gehüllt, zusammen mit Taroknollen in der Erde zwischen heißen Steinen geschmort und dann auf alle Einwohner aufgeteilt, auch auf die Touristen. Kokosnüsse wachsen nie über 2000 Fuß Höhe, die Ananas gehört zur Familie der Lobelien, 40 der 47 hawaiianischen Finkenarten sind heute ausgestor –»

Ich unterbrach meinen Vortrag, da ich feststellen mußte, daß Alex eingeschlafen war.

Das einzige, das sich nicht so ganz mit meiner Vorstellung von Hawaii deckte, waren die Zelte. Irgendwie hatte sich das hübsche Bild in mir eingenistet, ich würde morgens von meinem Luxusbettchen aus direkt in den Swimmingpool steigen, wo der Boy schon mit einer *Piña Colada* mit rosa Schirmchen und Sternspritzer meiner harrte . . .

Nun wußte ich jedoch genug über Nächte im Zelt, um zu ahnen, daß sich da eine gewisse Diskrepanz ergeben könnte.

«Und jetzt, mein kleiner Hasenfuß», sagte Alex, als er aufwachte und ich ihm von meinen Befürchtungen erzählte, «sage ich dir etwas. Warum, denkst du wohl, habe ich eine Zelttour ausgesucht? Um ein paar lumpige Groschen zu sparen? Du solltest mich besser kennen. Doch nur deshalb, weil es die einzige Art ist, ein Land wie Hawaii wirklich kennenzulernen. Hautnah. Wir wollen doch nicht zu denen gehören, die einmal an den Waikiki-Strand schnüffeln gehen und dann behaupten, sie würden Hawaii kennen, nicht wahr. Und vergiß eines nicht: Die amerikanischen Campingplätze sind die besten der Welt. Jeder Komfort, den du dir vorstellen kannst, absolut jeder!»

Ich war beruhigt.

Was mir trotzdem noch ein wenig zu denken gab, war, daß er zwei Wochen vor der Abreise begann, lange Fußmärsche zu unternehmen, mit Karl Mays gesammelten Werken im Rucksack als zusätzlichem Ballast. Er las Robinson Crusoe dreimal und andere Bücher, die sich mit Überlebenstraining befaßten, und erkundigte sich über die Herstellung von Pemmikan, insbesondere, ob man statt dieses schwer erhältlichen Büffelfleisches auch Rindfleisch verwenden könne.

Aber so ganz war er dann trotz all seiner Lektüre doch nicht auf dem laufenden, denn er murmelte, während er mir in der Ankunftshalle des Honolulu-Airport half, den Rucksack auf den Rücken zu hieven, und sich suchend umsah: «Werden einem hier nicht diese Blumenkränze um den Hals gehängt? Wo bleiben sie denn?»

Und dann wollte er dauernd die Hulamädchen sehen, der Naivling.

Honolulu besteht aus dem Stadtteil Downtown mit dem exotischen Chinesenviertel auf der einen Seite, aus Waikiki mit dem herrlichen Palmenstrand und den besten Restaurants und Hotels der Welt auf der anderen Seite und einer kleinen Wiese dazwischen, mit stachligem Gras und einem roh verputzten Klohäuschen, auf dessen nacktem Betonboden ich herumkroch und nach der Steckdose suchte.

Meine Kleider hingen über einer der beiden WC-Türen. Mein Waschbeutel stand auf der Abfalltonne. Und ich hielt den Lockenstab in der Hand und fand nichts, um ihn einzustecken.

Ich klopfte gegen die Wand, die uns Ladies von den Gentlemen trennte, und schrie hinüber: «Wo sind bei euch drüben die Steckdosen?»

Es war eine Weile still drüben, dann kam Alex' Stimme zurück. «Hier finde ich keine!»

«Und wie bitte soll ich meine Haare aufdrehen?» heulte ich.

Drüben hörte man ein Gemurmel männlicher Stimmen, dann rief Alex: «Der Herr da aus Kentucky sagt, seine Großmutter hätte sie mit Zuckerwasser befeuchtet und über Papierröllchen gedreht. Aber mach dir deshalb keine Sorgen. Du gefällst mir auch so!»

Ich bat die Frau neben mir, auf den Wasserhahn zu drücken, damit ich mich waschen konnte. Es kam nur kaltes.

«Mach dir nichts draus», sagte Alex, während wir später vor dem Zelt die Luftmatratzen aufpumpten, «das ist nur hier in Honolulu so. Als Abschreckung. Sonst käme jeder Strolch und Landstreicher her, um hier zu campieren. Von morgen an wird es besser.»

Fünf Tage später sagte ein kleines Mädchen hinter mir im Supermarkt: «Mummy, was hat die Frau da vor mir Komisches auf dem Kopf?»

Ich wußte, was die vorlaute kleine Göre meinte: Man hätte mir einen Palmkern in meine Frisur pflanzen und dann zusehen können, wie der Schößling heranwuchs.

An diesem Abend wusch ich mir die Haare im Freien unter dem Kaltwasserhahn und ließ sie vom kräftig wehenden Passatwind trocknen. Ich habe mich noch nie wohler gefühlt außer damals, als ich mir als Vierjährige meinen Fuß in den Fahrradspeichen einklemmte.

Als ich Tage später auf der Flughafentoilette von Hilo einen Warmwasserhahn entdeckte und daneben eine Steckdose für den Haarfön, mußte man mich mit Gewalt entfernen, während ich kreischte: «Laßt mich hier! Ich will nicht auf den Vulkan! Ich pfeif drauf, auch wenn es der höchste von Hawaii ist!» Man hatte inzwischen jeden einzelnen meiner um den Wasserhahn gekrallten Finger gelöst und schleppte mich zum Jeep, während ich wimmerte: «Bitte, bitte, laßt mich hier. Hier, wo ich warmes Wasser habe und den Fön einstecken kann . . .»

«Du hast uns ganz schön blamiert!» fuhr Alex mich an, während er mich ins Auto schubste. «Kein Mensch regt sich über solche Lappalien auf, nur du.»

Ich sagte: «Ich hasse dich.»

So richtig liebevoll sprach ich erst wieder mit ihm, als wir im Flugzeug nach Hause saßen. Während einer Turbulenz nahm ich seine Hand, die Schwielen hatte vom Zelthammer, und sagte: «Mein armer Schatz, ich hoffe ja sehr, daß wir das hier überleben. Sollte uns jedoch das Ende beschieden sein, so bitte ich die himmlischen Mächte, es erst geschehen zu lassen, nachdem wir dieses herrliche Mahl verzehrt haben und ich mir in dem süßen kleinen Kabäuschen da hinten mit warmem Wasser die Zähne geputzt und viele Male in das Wunderding geschaut habe, in dem man sein eigenes Gesicht sehen kann.»

Überhaupt, was will ein Mensch an mir herumnörgeln, der selber zwei Wochen lang keinen anderen Gedanken im Kopf gehabt hat als: Wo lade ich die Batterie für meine Videokamera auf?

Möchten Sie mit einem Mann nach Hawaii fahren, der mit einer Batterie in den Schlafsack kriecht? Angeblich, weil sie länger hält, wenn sie warm hat ... Den ich am Heiligen Abend, während ich die letzten Krümel unserer letzten Salzkekse vom Zeltboden leckte, murmeln hörte: «Liebes Christkind, schenk mir bitte ein bißchen Strom für die Kamera ...»

Während des Weihnachtsdinners am nächsten Abend, das wir im altehrwürdigen «Volcano House» zu uns nahmen, in dem schon Mark Twain eingekehrt ist, hockte er drei Stunden lang auf der Herrentoilette und bewachte seine zum Aufladen eingesteckte Batterie – und dann mußte er feststellen, daß er eine taube Steckdose erwischt hatte.

Zuletzt setzte dieser Irre doch tatsächlich sein Leben aufs Spiel, als er im Waimea Canyon das zum Waschraum führende Kabel anzapfte und daran die Batterie anhängen wollte. Und das bloß, weil es hieß, es gebe hier eine Veilchenart zu filmen, die bis zu zwei Meter hoch wird.

Ich weiß nicht mehr genau, wann Magnum zum erstenmal in Erscheinung getreten ist, er war jedenfalls da, als ich an der Nordküste der Insel Oahu im Dunkeln durch den Kasuarinenwald kroch und mich im Freien an einem rostigen Waschbecken wusch, während mir das ablaufende Wasser in die Socken rann, die Seife in den Dreck fiel und der Sturm mit meinem Handtuch abhaute. Da nahm er mich an der Hand und sagte: «Komm mit mir, geheimnisvolle Blonde!», und ich folgte ihm – ohne auch nur eine Sekunde zu überlegen – in seine phantastische Villa, und dort stieg ich mit ihm in den Whirlpool und ließ mir den Rücken massieren.

Von da an wurde alles leichter.

Während ich im Schnellimbiß einen fetten Fleischkloß in einem lappigen Brötchen mit Ketchup verdrückte, saß mein wahres Ich mit Magnum unter einem duftenden Mimosenbaum, und sein braver Diener servierte uns auf einer Silberplatte garnierten Hummer.

Eine wundersame Heiterkeit kam über mich.

Selbst als mich Alex schnaubend wie ein gereizter Stier mit der Frage überfiel: «Du bist so verdammt gut aufgelegt in letzter Zeit, welcher von den Kerlen hier ist es?», raubte mir das nicht meine neugewonnene Gelassenheit. Er beschuldigte alle der Reihe nach, sogar den siebzigjährigen Heinrich, der ständig Ärger mit seinem Gebiß hatte.

Lächerlich. Was sollte ich mit dem alten Knacker, wenn ich Magnum haben konnte?

Eines muß ich sagen: Die Teilnehmer unserer dreißig Mann starken Gruppe verhielten sich mustergültig. Nie kam jemand zu spät oder ging verloren, keiner betrank sich, keiner beklagte sich über den fehlenden Komfort. Es herrschte ein himmelhoher Unterschied zwischen ihnen und normalen Hotelreisenden, die schon ausflippen, wenn sie keinen echten Bohnenkaffee zum Frühstück kriegen.

Nur eine Frau ging uns allen ziemlich auf die Nerven.

Sie war die einzige, die sich ständig über die primitive Ausstattung der sanitären Anlagen beklagte.

Am Halemaumau-Trail erlitt sie einen hysterischen Anfall und behauptete steif und fest, das Blubbern käme von einem bevorstehenden Vulkanausbruch, dabei war es die Wasserflasche in ihrem Rucksack.

Bei der Besteigung des Diamond-Head-Kraters hing

ihr das Kabel des Lockenstabs aus der Anoraktasche. Und vor der Besichtigung von Lahaina, das im vorigen Jahrhundert der größte Walfängerhafen des Pazifiks war, fuhr sie den Reiseleiter an: «Hören Sie, junger Mann, wenn das wieder so ein gottverdammter Ort ist auf zweitausend Meter über dem Meer, wo es nichts als Regen, Nebel, Kälte und Sturm gibt, dann fahre ich nicht mit!»

Wirklich, Leute wie die sollten nichts unternehmen, das an ihre geistige und körperliche Kapazität größere Ansprüche stellt als ein Tagesausflug auf die Insel Mainau zur Magnolienblüte.

Sie war ein Schandfleck in dieser wackeren Schar, und ich hätte mich nur zu gern von ihr distanziert, wäre es möglich, aus der eigenen Haut zu fahren.

Es sollte dies keine Entschuldigung sein, aber vielleicht hatte mein gestörtes Gleichgewicht auch etwas damit zu tun, daß man mich nicht dort ließ, wo ich mich wohl fühlte, nämlich unten im sonnigen Tal zwischen Palmen, Zuckerrohrfeldern, Orchideen, Imbißstuben und Andenkenläden. Ständig wurde ich diesem Paradies entrissen, um irgendwelche Lavafelder zu besichtigen.

Dabei war ich anfangs Feuer und Flamme.

Als man uns am zweiten Tag einen Film über Eruptionen vorführte, machte ich «Pst!», sobald jemand hustete, um nur ja kein Wort zu versäumen.

Vom ersten Vulkan, aus dem ein Rauchkringelchen aufstieg, mußte man mich mit Gewalt wegzerren.

Ich hatte Schüttelfrost vor Aufregung, als ich mit einer Taschenlampe durch einen stockfinstren Lavastollen kroch.

Einen vollen Tag lang marschierte ich auf dem Sliding-Sands-Trail, ohne zu murren, durch knöcheltiefe Lava-Asche, nur um das berühmte Silberschwert und die einmalige Nene-Gans zu sehen. Alle fünfundzwanzig Silberschwerter, die wir sahen, waren verblüht und die Nene-Gans stemmte ein Beinchen an die Hüfte und klapperte kokett mit den Augenlidern, als sie das Klikken der Kameras hörte.

Meine Begeisterung für Lava und alles, was damit zu tun hat, kriegte ihren ersten Dämpfer während der zwei Stunden, die wir in der Eiseskälte der Morgendämmerung in dreitausend Meter über dem Meer am Kraterrand des Haleakala ausharrten, um die Sonne aufgehen zu sehen, und dann war's kein bißchen anders als anderswo. Nur sehr viel kälter.

Von da an nahm meine Begeisterung rapide ab. Bevor wir zum Lava Tree State Park fuhren, wo man uns einen einmaligen, versteinerten Ohia-Wald in Aussicht stellte, sagte ich entschlossen: «Ich fahre nur mit, wenn mir einer schwört, daß es dort im Waschraum einen Spiegel gibt.» Und an der Stelle, wo sich auf der berühmten Chain of Craters Road ein glühender Lavastrom ins Meer ergoß, setzte ich mich neben der Tafel *«Danger!»* auf einen bereits erkalteten Lavabrocken und sprach mit einer anderen Teilnehmerin zwei Stunden lang über die Behandlung von Heuschnupfen.

Als ich zum erstenmal Opfergaben für die Vulkangöttin Pele sah – ein paar Ohelobeeren und drei schrumpelige Orangen –, verknipste ich einen Film.

Aber dann wurde auch das so alltäglich, daß mir selbst ausgefallene Opfergaben wie eine vorsorglich geöffnete

Dose Bier oder Kosmetikartikel wie Taschenkämme und Lippenstifte kein Foto mehr wert waren. Während wir wieder einmal von einer Kraterbesichtigung zu den Autos zurückkehrten, murmelte Alex: «Glaub nur ja nicht, ich hätte nicht gesehen, wie du vorhin der Pele den Taschenspiegel geklaut hast.»

Ich zuckte die Achsel. «Und wenn schon. Jedenfalls habe ich aufgepaßt, daß mich keiner sieht. Ich habe nicht eine Orange in aller Öffentlichkeit verdrückt und dann behauptet, sie wäre dem Japaner vor uns aus der Tasche gefallen, genau auf den Opferteller.»

«Auch egal. Wer glaubt heute schon noch an den Mumpitz von der Rache einer alten Hexe, die in irgendeinem blöden Vulkan hocken soll!»

Aber schon am nächsten Tag wußte er nichts Besseres, als mir genau diesen Mumpitz auf die Nase zu binden – nachdem er schamlos einem Flittchen in ebenso schamlosen Hotpants zugezwinkert hatte. «Aber Schnuckilein, ich wollte sie doch bloß bei Laune halten. Immerhin, es könnte die Pele gewesen sein. Du hast doch gehört, was der Führer gesagt hat – daß sie sich oft in eine junge Frau verwandelt und sehr zornig wird, wenn ein Mann sie links liegen läßt. Ich wollte nichts riskieren, schon dir und der anderen wegen.»

Darüber konnte ich nur höhnisch lachen. Für was hält dieser Westentaschen-Casanova mich? Für geistesschwach?

Schließlich tischte uns der Reiseleiter noch das Märchen auf, daß es Unglück brächte, wenn man Lava mit nach Hause nimmt. Wir zwei mußten darüber nur lachen. «Dieser Schmus wurde doch offensichtlich nur erfunden, damit die gierigen Touristenhorden nicht die

Lavafelder abgrasen und dann für kommende Generationen nichts mehr da ist. Das ist doch ganz klar», sagte Alex.

«Völlig klar», sagte ich. «Was sonst.»

Ich bitte Sie, warum sollte es Unglück bringen, wenn man von dem Zeug, das da tonnenweise in der Gegend herumliegt, ein winziges Bröckchen aufhebt, in eine Wollsocke steckt und mit nach Hause nimmt? Wirklich, das ist doch einfach lächerlich ...

Bei der zweiten Ladung mit Hawaii-Schmutzwäsche gab die Waschmaschine den Geist auf. Na und? Sie hatte schon etliche Jährchen auf dem Buckel und war damals ein Sonderangebot.

Daß meine Armbanduhr zwei Tage nach Ablauf der Garantie stehenblieb und auch mit einer neuen Batterie und gutem Zureden nicht mehr zu bewegen war, ihre Arbeit aufzunehmen, ist zwar ein wenig rätselhaft. Aber sie hat vermutlich den Langstreckenflug in großer Höhe nicht vertragen. So etwas kommt vor, beteuerte mir die Verkäuferin.

Nur ein abergläubischer Narr würde es übernatürlichen Kräften zuschreiben, wenn er auf dem Glatteis ausrutscht und sich eine Bänderzerrung zuzieht. Ich hätte eben nicht die Stiefel mit den glatten Sohlen anziehen sollen.

Als Alex meinte: «Wenn du Lava mitgenommen hättest, würde ich sagen, es ist doch etwas dran an dem Fluch der Pele. Aber so –»

Lächerlich. In welchem Zeitalter leben wir? Im Mittelalter?

Nicht eine Minute lang glaubte ich an den Mumpitz

von der Rache eines Gespenstes, das in einem Vulkan hocken soll und sich von schrumpeligen Orangen, Ohelobeeren und schalem Bier ernährt. Als ich beim Aufräumen zufällig auf die Socke mit dem Lavabrocken stieß, wollte ich nichts als überflüssiges Zeug loswerden, einzig und allein aus diesem Grund wickelte ich den schwarzen Klumpen in Packpapier, schrieb mit Filzstift gut leserlich drauf:
An den Ranger des Volcanoes National Park
Hawaii
USA
und trug ihn zur Post.

Reiner Zufall, daß mir beim Heimgehen die Dachlawine knapp vor die Füße fiel und nicht auf den Kopf.

Das Zeug war ja noch nicht einmal drüben angekommen.

Afrika: Fünf Minuten kein Foto, und mir zittern die Hände

Ungeduldig fieberten wir dem echten, dem wirklichen Afrika entgegen, denn natürlich konnte man eine Stadt wie Nairobi, von wo wir soeben aufgebrochen waren, kaum dazuzählen.

Wir waren zu viert: der Mann, mit dem ich damals noch verheiratet war, sein Freund Joachim, Frau Dr. Schultz und ich.

In unserem gemieteten Rangerover fuhren wir hinaus aus der Stadt und gegen Norden, dem echten, dem wirklichen Afrika entgegen. Jedesmal, wenn das Auto vom schmalen Asphalt- auf den Sandstreifen geriet, und das passierte sehr oft, kam das echte, das wirkliche Afrika in einer dichten roten Wolke zu uns hereingekrochen. Und Frau Dr. Schultz, die mitgekommen war, um in Afrika dem einfachen, natürlichen Leben wieder näherzukommen, jammerte: «Oh, dieser schreckliche Staub! Und ich bin sehr hungrig. Es ist längst Zeit zum Mittagessen. Nimmt denn darauf keiner Rücksicht?»

Denn wenn sie auch das einfache Leben kennenlernen wollte, so einfach durfte es auch wieder nicht sein. Und hie und da schrie sie auf:

«Huch, diese Fliegen machen mich verrückt! Wo kommen bloß diese vielen Fliegen her?»

Sodann besprühte sie uns ausgiebig mit «Mückentod». Und danach teilte sie Reinigungstüchlein aus.

Sehr oft blieben wir stehen, um die armen, unterprivilegierten Wasser tragenden Frauen zu fotografieren.

Und noch immer hatten wir keinen Löwen gesichtet.

Ich machte mir bereits ernsthafte Sorgen. Wir waren seit vier Stunden unterwegs, und noch kein Löwe! Herrgott, wo waren all die Löwen und Elefanten, die man uns versprochen hatte?

Joachim riet mir zu Geduld. Und dann warf er so nebenbei und mit jener Gelassenheit, die ihm seine Rolle als der Mann, der bereits einmal in Afrika gewesen war, verlieh, die Worte hin:

«Da links steht eine Giraffe.»

Ich schrie: «Wo? Ja wo denn, du lieber Himmel?»

Der Gedanke, die Giraffe zu verpassen und womöglich keine mehr zu sehen und heimzukehren, ohne eine Giraffe gesehen und vor allem fotografiert zu haben, erfüllte mich mit blankem Entsetzen.

Joachim stand schon im offenen Sonnendach und montierte die schweren Geschütze.

«Na, da links. Ist doch nicht zu übersehen!»

Mit zitternden Fingern schraubte ich mein stärkstes Objektiv auf, während ich gleichzeitig versuchte, die Giraffe zu finden.

Wo war das Wundertier bloß? So ein Vieh war doch nicht so klein, das mußte doch zu finden sein ... Aber da war nichts als dieses Dingsda, dieses Stachelzeug. Ich hatte einmal gewußt, wie es heißt, früher einmal, als es noch keine Giraffen zu sehen gab und mein Gehirn noch einigermaßen normal funktionierte ...

Wo, wo war sie?

Ich machte natürlich einen schwerwiegenden Fehler: Ich suchte nach der Giraffe nicht weit genug oben.

Sollten Sie jemals in dieselbe Situation kommen, kann ich Ihnen nur raten, mit der Suche nach dem Giraffenkopf ganz, ganz hoch oben in den Wolken anzufangen und sich von dort aus gewissenhaft nach unten zu arbeiten.

Und da sah ich sie endlich.

Sie fraß.

Lange und verzückt blickte ich durchs Objektiv hindurch auf ihre Zunge, die zwischen den Stacheln des Dornbusches herumfuhrwerkte. Sodann blickte ich in ihr sanftes Auge mit den langen Wimpern. Es war Liebe auf den ersten Blick.

Sie blieb uns noch eine ganze Weile erhalten. Ihr langer Hals ragte schemenhaft aus dem Dornbusch, wie ein Kran aus dem Häusermeer einer entfernten Stadt.

Hochzufrieden fuhren wir weiter.

Nach und nach sahen wir auf unserer Safari die gesamte afrikanische Abteilung der Arche Noah, vom Leoparden abgesehen, den wir uns als Höhepunkt für später aufgehoben hatten. Wir sahen Giraffen in Massen und Zebras und Gazellen und Löwen so nahe, daß wir sie auf die Schnurrhaare hätten küssen können. Wir sahen eine Million Gnus auf der Wanderung. Es war phantastisch.

Wenn etwas unser Glück trübte, dann einzig und allein der Umstand, daß ich unter dem ständigen Zwang stand, all diese Löwen, Zebras, Giraffen und jedes einzelne der Million Gnus fotografieren zu müssen.

Ich mußte ganz einfach. Ich konnte nicht anders. Ich war wie eine Süchtige: fünf Minuten kein Foto, und mich überfielen die entsetzlichen Qualen einer Entziehungskur.

Der weise Mohammed hatte seinerzeit seinen Anhängern empfohlen: «Du sollst dich nicht fotografieren lassen!» Also lassen sich die getreuen Anhänger Mohammeds nicht fotografieren, außer sie werden dafür bezahlt. Solltest du Ungläubiger es doch versuchen, so wird man dich mit Steinen bewerfen und dir die Kamera vom Hals reißen und auf ihr herumtrampeln in heiligem Zorn.

Hin und wieder freilich brauchten wir auch nichts zu bezahlen. Das waren dann jene Fälle, wo es wirklich teuer wurde. Denn dann wurde man regelmäßig um einen Bildabzug gebeten. Die Höflichkeit gebot, diesen in ein Luftpostkuvert zu stecken und nach Afrika zu schicken, begleitet von kleinen Geschenken wie gebrauchten Kameras und Spitzennachthemden.

Besonders unangenehm bei all der Fotografiererei wirkte sich jener Teil meines Gewissens aus, der ständig Signale wie folgendes aussandte:

«Leute wie du sind schuld daran, daß diese unverdorbenen Naturkinder sich lächerlich machen, indem sie für ein paar lumpige Kreuzer blöde in deine Kamera grinsen ... Leute wie du sind schuld daran, daß diese Menschen das einzig Wertvolle verkaufen, das sie besitzen, nämlich ihre Würde ... Leute wie du ...» und so weiter und so fort. Kurz, es veranstaltete bei jedem Foto ein derartig gräßliches Gejammer, daß mir ganz schlecht davon wurde. Aber es hielt mich natürlich nicht vom Fotografieren ab.

In der Umgebung von Nairobi herrschte noch ein

Überangebot an Fotomodellen, was den Preis drückte. Hier waren wir sogar in der Lage, Bilder gegen Ankauf von Naturalien zu ergattern. Als wir dieses Gebiet verließen, besaßen wir etwa drei Dutzend Fotos «Wasser tragender Frauen» und «Früchte verkaufender Frauen und Kinder» sowie den Rangerover gestopft voll mit Obst.

«Was soll denn das?» jammerte Frau Dr. Schultz. «Wir haben uns in eine mobile Südfrüchtehandlung verwandelt. O Gott, habt ihr schon jemals im Leben so mickrige Bananen gesehen?»

Wir mußten zugeben, daß wir tatsächlich noch nie zuvor solche Bananen gesehen hatten, so winzig, so hart, so grün. Es war wie überall: Das Gute geht in den Export, das Miese bleibt daheim. Trotzdem versuchte mein Mann, als Frau Dr. Schultz gerade nicht hinsah, eines dieser miesen kleinen Dinger zu verdrücken. Aber die sah alles, auch wenn sie gerade nicht hinsah. «Um Himmels willen!» lamentierte sie. «Wollen Sie sich weiß Gott was holen?» Und sie suchte aus ihrem umfangreichen Vorrat an Tabletten eine heraus, die eventuell von Nutzen sein konnte.

Wir wußten also beim besten Willen nichts mit dem Zeug anzufangen, bis wir am Nakuru-See ankamen. Die Räder unseres Autos standen noch nicht, als es auch schon von einer Horde reizender Äffchen gestürmt wurde.

Nun kann ich wirklich nicht behaupten, daß ich allzuviel für Affen übrighätte. Sie sind mir zu menschlich. Das jedoch waren Meerkatzen mit süßen kleinen Gesichtern, umgeben von einem Kranz seidiger Härchen, und mit süßen kleinen Händchen, mit denen sie gierig durchs Fenster nach unseren Südfrüchten grapschten.

Manchmal griffen sie auch mit den Zähnen zu. Und dabei erwischte eine aufgeregte alte Vettel in der Hitze des Gefechts anstelle einer Banane meinen Zeigefinger.

Ich streute augenblicklich Salz auf die Wunde, um sie zu konservieren. Aber dessenungeachtet heilte sie mit erstaunlicher Geschwindigkeit, so daß ich als Bestätigung des denkwürdigen Affenbisses nicht einmal eine Narbe mit nach Hause brachte.

Fotografieren hätte ich den Biß sollen, fotografieren!

Als wir ins Rift Valley hinunterkrochen, das vor uns ausgebreitet lag wie eine riesige Bratpfanne auf einer voll aufgedrehten Herdplatte, begann Joachim mit seinen Verhaltensmaßregeln bezüglich der Fotografiererei.

«Oberstes Gebot: Laß dir auf keinen Fall anmerken, daß du an Fotos interessiert bist. Sag dir ständig: Ich bin an Fotos nicht interessiert. Ich will nicht fotografieren.»

«Ich will aber.»

Joachim seufzte. «Natürlich willst du. Aber man braucht es dem anderen nicht auf die Nase zu binden. Zweitens: Sag sofort, daß du nichts bezahlen willst.»

«Dann wird man uns steinigen.»

«Unsinn. Jeder weiß, daß du weißt, daß du bezahlen mußt. Und hör zu, du Unschuldslamm, bezahle nie, unter gar keinen Umständen, mehr als zwei Shilling pro Bild. Das ist der derzeitige Marktwert. Gib auf keinen Fall mehr.»

Inzwischen hatten wir den Talboden erreicht. Eine ungeheure Hitze legte sich beklemmend auf meine Brust. Die rote Sandstraße kroch zwischen grauem Dornengestrüpp dahin.

«Drittens», fuhr Joachim fort, während er sichtlich beunruhigt die Gegend musterte, «fotografiere nie eine

Gruppe. Es käme zu teuer.» Er fuhr sich mit der Zunge über die ausgedörrten Lippen, sein Auge schweifte suchend umher. «Ich bin sicher, in Kürze taucht der erste Massai auf. Wir bleiben auf keinen Fall stehen, hört ihr, auf keinen Fall. Einzeln umherstreifende Massai verlangen das Doppelte, besonders, wenn sie merken, daß sie die ersten sind, die man trifft. Die Massai erkennt ihr an den roten Kitteln. Sobald was Rotes auftaucht: Gas geben und weiterfahren! Auf keinen Fall anhalten . . .»

Sein Gezeter schien mir einigermaßen übertrieben. Bis jetzt hatten uns meine hochinteressanten Fotos nicht mehr gekostet als zwei Tage des geplanten Badeurlaubs in Mombasa.

Vor uns tauchte eine Gestalt auf. Kein Massai. Nur eine Giraffe, die ich fotografierte. Sie blieb danach noch eine Weile vor dem Auto stehen. Aber als sie merkte, daß ich hart blieb und nicht ans Bezahlen dachte, zuckte sie ihre abschüssige Achsel und trollte sich.

Ich war sichtlich auf dem richtigen Kurs.

Gerade schälten wir uns aus einer Staubwolke, um in die nächste einzutauchen, als er wie aus dem Boden gewachsen vor uns stand.

«Weiterfahren!» zischte Joachim. «Nicht hinsehen! So tun, als wäre er nicht vorhanden!»

«Bleib stehen, sonst sind wir geschiedene Leute!» befahl ich. Mein Mann trat augenblicklich auf die Bremse und hielt an, gerade neben der hochgewachsenen, schlanken Gestalt, die lässig auf den Speer gelehnt dastand und uns vertrauensvoll entgegenlächelte.

«Pitscha», sagte der schöne junge Mann und entblößte eine Reihe herrlicher Zähne. Er war in ein malerisches rotes Tuch gehüllt, das eine Schulter frei ließ und, wie

ich mit verschämtem Entzücken feststellte, auch sonst noch allerlei.

Mittlerweile war ich mit der fotografischen Geheimsprache dieser Naturkinder schon so weit vertraut, daß ich das Wort *pitscha* verstand. Es handelte sich um eine Verballhornung des englischen Wortes *picture.*

«No pitscha», sagte Joachim fest. «Scher dich zum Teufel.»

«Yes, Mista», entgegnete der junge Mann lächelnd. «Prima *pitscha*. Nix teuer.»

«Wieviel?» fragte ich und leckte mir die Lippen.

Der junge Mann streckte zwei schlanke, sehnige Finger aus. *«Mbili shilingi.»*

«Was willst du, er verlangt nur zwei Shilling!» Und schon schoß ich das erste Foto und drehte den Film weiter.

Der Massai hob gebieterisch die Hand. «Zahlen, jetzt!»

Ich zahlte.

Aus dem Auto heraus hörte ich Joachim jammern: «Sie ruiniert uns! So tu doch was!»

Aber mein Mann kannte mich gut genug, um zu wissen, daß mich in diesem Stadium nichts mehr aufhalten konnte. Er begnügte sich damit, das Portemonnaie nach Münzen zu durchwühlen.

Bis jetzt hatte mir der Nomade jene Seite zugedreht, auf der ihm das rote Tuch züchtig bis aufs Knie hing. Mit dem diesen Naturkindern angeborenen wunderbaren Instinkt erkannte er eben eine Dame, wenn er eine vor sich sah . . . Zum Teufel damit. «Andere Seite!» verlangte ich.

«Ishirini», sagte er.

«Was meint er?»

«Zwanzig Shilling. Für die andere Seite verlangt er zwanzig. Hör zu, du arme verblendete Irre, ich garantiere dir, ich krieg dir morgen einen Nackten für fünf Shilling vor die Kamera.»

Ich ließ ihn zetern, um mit meinem Fotomodell zu feilschen. Schließlich zeigte es sich einverstanden, seine Reize auch für zehn Shilling zur Schau zu stellen.

Ein rascher Überschlag unserer Finanzen während der Weiterfahrt ließ uns einen weiteren Badetag in Mombasa streichen.

Was soll's. Wir waren nicht zum Baden nach Afrika gefahren.

Joachim zeterte, mein Leichtsinn würde uns im Umkreis von hundert Meilen als leichte Beute ausweisen. Von nun an würde man uns ausnehmen wie Weihnachtsgänse.

Joachim ist ein netter Mensch. Aber seine Schwarzmalerei geht einem manchmal doch schwer auf die Nerven.

Am Nachmittag des nächsten Tages bezogen wir unser Camp am Ufer des Talek River, in der Nähe eines Massaidorfes. Nachdem die Zelte aufgestellt waren, schlenderte ich dorthin, um mich ein wenig umzusehen.

Bei dem Dorf handelte es sich um ein sogenanntes *Boma,* einen kreisrunden Verhau aus Dornengestrüpp mit kuhfladenverputzten Rundhütten dahinter. Ein paar kleine Nackedeis mit rotzigen Nasen kamen heraus, um mich anzustarren. An den Fußgelenken trugen sie bunte Perlenkettchen als Schutz gegen böse Geister.

Ihre Mütter verhielten sich reservierter. Die lugten nur aus den Türöffnungen ihrer finsteren Behausungen. Ein

Köter kam her, beschnupperte meine Beine, stellte fest, daß an ihnen nichts dran war, und ließ sie in Ruhe.

Nach und nach kamen auch die Männer herangeschlendert. Alle hatten sie ihre Speere bei sich, was einigermaßen bedrohlich wirkte. Mein gesunder Menschenverstand jedoch sagte mir, daß sie ihnen bloß dazu dienten, um sich darauf zu stützen. Sie waren ohne Ausnahme hochgewachsen, schlank, trugen farbenfrohe rote Kittel und hatten prächtige Zähne. Jede Illustrierte hätte mir ihre Fotos aus den Händen gerissen.

Ohnmächtiger Zorn begann in mir aufzusteigen. Lautstark verfluchte ich meine Reisegefährten. Sie hatten meine Fototasche versteckt.

Jetzt trat aus dem Dornenverhau eine hohe, in mehrere Lagen Rot gehüllte Gestalt, ein malerisches Geschöpf mit riesigen Löchern in den Ohrläppchen, in denen Verschlußkappen von Colaflaschen glänzten. Ein Fliegenwedel aus Gnuschwanzhaaren ließ ihn unschwer als die Obrigkeit erkennen.

Ich lächelte mein süßestes Willkommenslächeln.

Er lächelte nicht.

Er pflanzte sich vor mir auf, stieß seinen Speer in den Boden, eine Handbreit von meinen Zehen entfernt, und befahl: «Du, weg da!»

«Warum?» fragte ich.

«No pitscha!» sagte er finster.

Ich hob meine leeren Hände. *«No pitscha.* Siehst du, keine Kamera.»

Die anderen Männer grinsten. Ein paar tippten sich vielsagend an die Stirn. Einer raunte mir zu: «Ist betrunken. Du besser gehen.»

Ich ließ mir das nicht zweimal sagen.

Während ich mich zu unseren Zelten zurücktrollte, überdachte ich das seltsame Verhalten des Massai-Ältesten. Ich kam zu dem Schluß, daß dieser Mensch erkannt haben mußte, wie sehr sich seine Stammesbrüder entwürdigten, indem sie sich als Schauobjekte hergaben.

Das hatte ihn zweifellos in den Suff getrieben.

Übermächtiges Mitleid stieg in mir auf, Mitleid mit dem armen Mann und seinem armen Volk und allen anderen armen Völkern, die sich in naiver Gutgläubigkeit von blöden Touristen wie mich lächerlich machen ließen. Ich war so furchtbar traurig, daß ich am liebsten geweint hätte.

Aber noch viel lieber hätte ich fotografiert.

Mit dem ersten Morgenrot kroch ich aus dem Zelt, die wiedergefundene Fototasche an mich gepreßt. Ich schoß die ersten Fotos von einem Trupp vorbeiziehender Elefanten. Irgendwo im Gestrüpp lachte eine Hyäne. Worüber lachte die? Über mich? Lässig ans Auto gelehnt stand eine hohe Gestalt mit kahlrasiertem Schädel. Die Metallringe an ihren Unterschenkeln wiesen sie als verheiratete Frau aus.

Wir lächelten uns zu. Sich verstohlen umblickend, trat die Massaifrau an mich heran und flüsterte hinter vorgehaltener Hand: «Du wollen *pitscha*?»

Ich nickte. «Wieviel du wollen?»

«Tano», sagte sie.

Von wegen *tano!* Ich war doch nicht blöd. «Zuviel», sagte ich energisch. *«Kumi.»*

Sie warf mir einen überraschten Blick zu. Das hast du nicht von mir erwartet, was, du Tochter der Wildnis? Ich war eben doch nicht eine so leicht auszunehmende

Gans, wie sie durch den Buschtelegraph erfahren hatte. «*Kumi!*» wiederholte ich.

Keinesfalls würde ich mehr als fünf Shilling pro Foto bezahlen. Auch nicht, wenn man in Betracht zog, daß das Fotografieren hier offensichtlich verboten war, die Bilder demnach beträchtlich an Wert gewannen.

Sie nickte zustimmend. Na also. Warum nicht gleich ...

Nach und nach stellte sich das halbe Dorf bei unseren Zelten ein, um sich fotografieren zu lassen. Inzwischen hatte ich herausgefunden, daß mir ein peinlicher Irrtum passiert war: Ich hatte die beiden Vokabeln *tano* und *kumi* miteinander verwechselt, also anstatt der verlangten fünf zehn Shilling geboten.

Trotzdem verbrachte ich ein paar fabelhafte Stunden. Dann jedoch tauchte der Stammesälteste auf und verscheuchte mir meine Fotomodelle. Sein Zorn war fürchterlich und prächtig zugleich anzusehen. Nur zu gern hätte ich ihn im Bild festgehalten.

Zu guter Letzt schenkte ich noch einer der dunkelhäutigen Damen meinen Badeanzug für ein letztes, heimliches Foto. Ein rascher Überschlag unserer Finanzen hatte ergeben, daß an einen Badeaufenthalt in Mombasa ohnehin nicht mehr zu denken war.

Im Verlauf der weiteren Reise, die uns südwärts in die Serengeti und dann ostwärts dem Kilimandscharo zu führte, warfen wir unsere letzten Süßigkeiten, Luftballons und meine Reservekamera – an der der Verschluß klemmte – in die Fotoschlacht. Das heißt, ich warf.

Hin und wieder versuchte ich, mit diversen Tricks die Söhne und Töchter der Wildnis übers Ohr zu hauen. So zückte ich einmal, als es ans Bezahlen ging, einen Zehnpfundschein. Einen Schein also, wie ihn der simple Kuhhirte nie in seinem Leben auch nur zu Gesicht bekommen hatte.

«Kein Kleingeld», log ich schamlos. «Du kannst wohl nicht wechseln, was? Tja, *sorry, old boy* . . .»

Aber was tat mein Kuhhirte?

Er griff unter seinen roten Kittel, holte einen abgewetzten Lederbeutel hervor und aus diesem eine dicke Wurst zusammengerollter Fünf- und Zehnpfundscheine. Er klaubte sie flüchtig durch, dabei sein prachtvolles Gebiß fletschend, und murmelte:

«Nur verfluchtes großes Geld, was?»

Schließlich fand er das notwendige Wechselgeld. Ich kam mir vor wie eine Almosenempfängerin.

Ursprünglich sollten uns zehn Träger auf den Kilimandscharo begleiten. Inzwischen waren es nur noch sechs. Entsetzliches Schuldbewußtsein erdrückte mich beinahe.

Nun hätte man meinen können, ich hätte ja nichts anderes zu tun brauchen, als mit der Fotografiererei aufzuhören. Doch man hätte ebensogut von mir verlangen können, mit dem Atmen aufzuhören.

Möglicherweise wären uns noch fünf Träger verblieben, hätte uns nicht das Schicksal in allerletzter Minute einen zerfetzten Hinterreifen beschert. Und das just neben jener Hinweistafel, die besagte, daß das Fotografieren der Massai in dieser Gegend streng verboten war.

Die Tafel war von einer stattlichen Anzahl Nomaden umlagert, die alle darauf warteten, fotografiert zu werden.

«Eine halbe Stunde bis zum nächsten Telefon...» murmelte mein Mann, bevor er und Joachim lostrabten, um die Leihwagenfirma anzurufen. «Zwei Stunden, um einen Ersatzreifen herzuschaffen... eine halbe Stunde zum Montieren... Zwei Minuten für ein Foto, durchschnittlich drei Shilling pro Bild, das ergibt...» Nach Beendigung seiner Kalkulation strich er drei weitere Träger.

Tatsächlich waren uns noch die bescheidenen Mittel für den Koch und Führer verblieben, als wir in jenem Dorf am Fuß des Kilimandscharos ankamen, von dem aus die Besteigungen gestartet werden und wo wir in der «Wanderer's Rest Lodge» Quartier bezogen.

Die Männer trafen die letzten Vorbereitungen.

Frau Dr. Schultz überprüfte ihren Vorrat an Reinigungstüchlein.

Mich hatten sie im Zimmer eingeschlossen. Eine Infamie sondergleichen und dabei völlig überflüssig, da ich den Schwur abgelegt hatte, keinen Fotoapparat anzufassen – einen Schwur, den ich auch getreulich bis zu jenem Moment einhielt, in dem unter meinem Fenster ein diskreter Pfiff ertönte. Unten stand ein junger Schwarzer, der, sich vorsichtig umblickend, heraufrief:

«Prima *pitscha,* Missis! Ganz geheim. Ganz billig.»

Da hängte ich mir die Fototasche um den Hals und kletterte an der Bougainvillea hinunter, die die Hauswand überwucherte.

Auf Schleichwegen brachte mich mein Führer zu diversen interessanten Sujets, zuletzt zu seiner Großmutter. Die lebte zusammen mit ihrer alten Kuh in einem jener grasgedeckten Rundhäuser, wie man sie nur noch sehr selten sieht, also ein Fotosujet par excellence. Zehn Shilling pro Aufnahme war wirklich nicht zuviel.

Als es jedoch ans Bezahlen ging, verlangte mein Begleiter das Doppelte.

Ich weigerte mich natürlich. Ausgemacht war ausgemacht.

Daraufhin verfluchte mich der junge Gauner aufs allerschrecklichste. Als das bei mir keinerlei Wirkung zeigte, denn die letzten zwei Wochen hatten mich in dieser Hinsicht abgebrüht, verlegte er sich aufs Jammern:

«Gute Lady», jammerte er. «Ich haben große Familie, sehr große – drei Frauen, zwanzig Kinder, Großmutter, Großvater, Mutter, Vater, Onkel, Tanten, Neffen –, und ich für alle sorgen. Ich ganz allein. Ich, Moses Innocent. Ich armer Mann. Sie reiche Frau. Sie alles haben, schönes Kleider, schönes Auto, schönes Kamera, schönes Koffer, schönes –»

Ich unterbrach sein Lamento mit einem harten: «Zehn Shilling und keinen mehr!», worauf er sich neuerlich aufs Fluchen verlegte, kräftig unterstützt von seiner alten Großmutter.

Es schien keinen Ausweg zu geben aus dem Dilemma.

Bis ich einen meiner seltenen Geistesblitze hatte.

«Hör zu, Moses Innocent», sagte ich. «Ich bin längst nicht so reich, wie du glaubst. Im Gegenteil. Um die Wahrheit zu sagen, ich bin vollkommen pleite. Zu viele Fotos, verstehst du? Jetzt paß auf, ich habe eine Idee ...» Ich unterbreitete ihm meine Idee und schloß mit den Worten: «Ich beteilige dich mit fünfzig Prozent. Fifty-fifty. Also, was sagst du dazu?»

Er sagte, es wäre eine prima Idee. Wir besiegelten unsere Partnerschaft mit einem kräftigen Handschlag.

Auch der alten Großmutter gefiel mein Vorschlag. Die Afrikaner haben nämlich einen ausgeprägten Sinn für Humor. Sie kugelte sich beinahe vor Lachen. Mit einem «Wir machen blöde Touristen ganz groß glück-glück!» zerrte sie mich in ihre Hütte.

Als ich wieder hinaustrat, hätte mich selbst meine eigene Mutter schwerlich wiedererkannt. Ich trug einen knöchellangen geblümten Wickelrock, eine Leihgabe der Großmutter. Mein Gesicht war mit Herdasche geschwärzt. Meine Haare wurden, landesüblich, von einem grellbunten Kopftuch bedeckt.

Nur die rotlackierten Zehennägel störten den Gesamteindruck. Ich half dem ab, indem ich sie mit Kuhmist einrieb.

Moses Innocent war inzwischen auf Kundenfang ausgezogen. Als er wieder auftauchte, war er von einer kleinen Touristengruppe begleitet, zweifellos Bergwanderer wie wir, die sich hier auf den Aufstieg vorbereiteten.

Er hielt seine Schäflein in gebührender Entfernung zurück, jedoch nahe genug zum Fotografieren. Ich hatte auf einem wackligen Stuhl im Schatten der Urwaldriesen Platz genommen. Ich muß gestehen, es war mir ziemlich mulmig zumute, als Moses Innocent mit typischem Überschwang ausrief: «Hier sie sein, Tochter von Tochter von Tochter von berühmte Mister Livingstone!»

Hatte ich nicht etwas zu hoch gegriffen? Welcher Mensch mit klarem Verstand würde mich als Urenkelin Livingstones akzeptieren?

Zu meiner grenzenlosen Erleichterung rief jedoch eine

der beiden Frauen – es waren vier Männer und zwei Frauen – mit unverkennbar amerikanischem Akzent aus: «*Oh, how exciting! How very, very exciting!*»

Was wieder einmal bewies, wie ungeheuer naiv dieses Volk ist. Es schluckt einfach jeden Schmarren, wenn es dafür nur bezahlen muß.

Die Kameras klickten, und Moses Innocent kassierte.

Ich zog mit meiner großen Zehe für jedes Foto einen Strich in den weichen Boden.

Am Nachmittag des dritten Tages, der zugleich mein letzter als die Urenkelin Livingstones war, denn am nächsten Morgen wollten wir aufbrechen, erkannte ich unter den neu Angeschleppten Joachim und meinen Mann.

Ein kritischer Moment. Jedoch vertraute ich auf das düstere Licht und darauf, daß man mich im Hotel in meinem Zimmer vermutete.

Am Abend – wir waren gerade dabei, auf unseren bevorstehenden Gipfelsturm mit einer Flasche importierten Rheinweins anzustoßen, der leider infolge von Hitze und schlechter Lagerung einen starken Beigeschmack von Weihrauch hatte – bemerkte mein Mann: «Übrigens, ich konnte heute ein interessantes Foto machen. Du errätst nie, wen ich aufgestöbert habe . . .»

Um ein Haar hätte ich geantwortet: «Doch. Die Urenkelin Livingstones.»

«Die Urenkelin Livingstones.» Er räumte ein, daß er für den Wahrheitsgehalt allerdings nicht seinen rechten Arm hergeben würde. Andererseits sprach auch nichts dagegen. Das häßliche Weib hätte ziemlich heruntergekommen ausgesehen, sicher von den Entbehrungen, die es als Kind zu erleiden hatte. Und die fünf Shilling, die er für die Aufnahme bezahlt hatte, würden uns nach meinen Exzessen auch nicht mehr umbringen.

Ich gab ihm recht und bedauerte, daß ich nicht hatte dabeisein können. Gerade hatte ich mir ausgerechnet, daß ich uns als Livingstones Urenkelin acht Träger verdient hatte sowie vier Tage Badeurlaub in Mombasa.

Und die verblieben uns auch.

Während der Besteigung des Kilimandscharos hatte ich nämlich nicht die geringste Möglichkeit, sie zu verbrauchen: Die Fotogage der Träger war in ihrem Lohn inbegriffen. Und der Kilimandscharo tat wie von Mohammed befohlen: Er verhüllte sein Haupt.

Er ließ sich seine Seele nicht von einer übergeschnappten Person rauben, die in einen schwarzen Kasten schaut und dazu befiehlt: «Etwas mehr nach rechts und ein paar Schritte zurück ... zurück ... zurück ... einen Schritt vor, ja, und ein bißchen nach links ... jaaa, und jetzt lächeln! L-ä-c-h-e-l-n!»

Der Leopard kommt in der Dämmerung

Ich holte den Prospekt aus dem Handschuhfach unseres Mietautos, um nachzuschauen, ob die köstlichen Worte noch vorhanden waren.

Sie waren. Hier stand es schwarz auf weiß:

«Versteckt in undurchdringlichem Bambuswald, an der garantiert sichersten Leopardenbeobachtungsstelle der Welt, erleben Sie, im Ausgang des zwanzigsten Jahrhunderts, den Anbeginn der Geschichte. Sie sehen Besucher aus einer anderen Welt, einer prähistorischen Welt. Der Leopard, Abkömmling der scheuen Steinzeitkatzen, gleitet unhörbar näher, um mißtrauisch in die weißen Lichter eines künstlichen Mondes zu starren und um sich dann über jene köstliche Beute herzumachen, die geheimnisvollerweise für ihn bereitliegt . . .»

Die garantiert sicherste Leopardenbeobachtungsstelle der Welt lag, ungemein romantisch, versteckt in dichtem Bambusgehölz mitten im afrikanischen Urwald.

Natürlich war diese Exkursion nicht gerade billig, aber sie würde es sicher wert sein. Man sieht nicht jeden Tag einen Leoparden. Vermutlich würden wir ihn nur einmal im Leben sehen. Hier. Und in dieser Nacht. Frau Dr. Schultz kontrollierte sogleich die Bettwäsche und sagte danach:

«Ich behalte jedenfalls die Kleider an. Möchte einer ein Reinigungstüchlein?»

Wir wollten keines. Wir wollten nichts als den Leoparden sehen. Hin und wieder schlenderte einer von uns hinaus auf die Veranda, nachschauen, ob er schon da war.

Mit von der Partie war eine Reisegesellschaft von Nekkermann. Die rannten alle zwei Minuten schnatternd wie eine Schar Gänse hinaus auf die Veranda. Mit denen wollten wir uns keinesfalls auf eine Stufe stellen. Obwohl auch wir den Leopard nicht verpassen wollten – denn dazu waren wir ja schließlich hier –, hielten wir uns in vornehmer Diskretion zurück.

Wir schauten nicht öfter nach ihm aus als höchstens alle zwei Minuten.

Mehr wäre auch nicht notwendig gewesen. Der Parkranger, ein Engländer mit dem klingenden Namen Clifford und jener gesunden Gesichtsfarbe, die von einem Leben im Freien zeugt, versicherte uns, daß er keinesfalls vor Einbruch der Dämmerung erscheinen würde.

Der Leopard. Nicht er. Denn er war ja schon da.

Oder würde er, Clifford, bei Einbruch der Dämmerung erscheinen, und der Leopard war am Ende schon da? Hatten wir ihn verpaßt? Ich sauste hinaus auf die Veranda.

Nein, der Köder lag noch da.

Wie dumm von mir. Natürlich war es Clifford, der bereits hier war, eben rief er uns zum Dinner. Hunger, Schlafmangel und die Tatsache, daß ich in Afrika war und in den nächsten Stunden meinen ersten Leoparden sehen würde, hatten mich ein wenig verwirrt.

Das Dinner war nicht übel, wenn man bedachte, daß

wir uns mitten im Urwald befanden und hier waren, um einen Leoparden zu sehen, und nicht, um zu essen.

Sogar Frau Dr. Schultz war einigermaßen zufrieden. Es war bloß das Wasserglas auszuwechseln, da es einen Fettrand hatte. Das Besteck wischte sie sorgfältig mit ihrer Serviette ab. Denn wenn sie auch hier war, um das einfache Leben kennenzulernen, so brauchte das nicht unbedingt einen Mangel an Hygiene zu bedeuten.

Nach der Hühnercremesuppe sagte ich beiläufig:

«Ich geh nur ein bißchen frische Luft schnappen.»

Ich schlenderte auf die Veranda, wo schon ein halbes Dutzend Neckermanns frische Luft schnappte. Ein gelangweilter Blick aus den Augenwinkeln zeigte mir, daß der Köder noch unberührt dalag.

Natürlich lag er noch unberührt da! Der Leopard würde nicht vor Einbruch der Dämmerung erscheinen.

Obwohl, genaugenommen, war die Dämmerung nicht schon hier? Mir jedenfalls kam es reichlich dämmrig vor.

Clifford, darauf aufmerksam gemacht, beruhigte mich. Hier im Bambus-Urwald wäre es immer dämmrig. Er jedoch meine die echte Dämmerung. Wir sollten uns bloß keine Sorgen machen.

Sorgen! Machte sich einer von uns vielleicht Sorgen?

Auch mein Mann machte sich keine Sorgen. «Ich muß nur schnell einmal wohin», flüsterte er mir zu.

«Im Gang, die zweite Tür links», sagte ich.

Er ging zur Tür mit dem gemessenen, aber doch zielbewußten Schritt eines Menschen, der wußte, was er wollte.

Er merkte nicht, daß er die falsche Richtung eingeschlagen hatte, nämlich hinaus auf die Veranda.

Nach der Suppe gab es gedünsteten Fisch, mit dem Frau Dr. Schultz im Nu fertig war, denn sie war eine tatkräftige Frau, die alles sehr rasch tat, auch essen. Danach sagte sie: «Ich laufe nur schnell ins Zimmer und hole meine Handtasche. Seid so gut und habt inzwischen ein Auge auf meine Handtasche hier.»

Das war wegen der Neckermanns. Weiß der Himmel, womit Leute wie die ihre Afrikareise finanzierten! Und Frau Dr. Schultz schritt entschlossen hinaus auf die Veranda, um jene Handtasche zu holen, die hier über der Sessellehne hing.

Abgesehen davon, daß danach Joachim kurz verschwand, um draußen auf der Veranda den Belichtungsmesser einzustellen, beendeten wir das Dinner mit der Gelassenheit erfahrener Weltenbummler.

Zum wohltuenden Unterschied von den Neckermanns. Die stürzten ungeniert alle paar Minuten hinaus. Obwohl sie doch genau wußten, daß der Leopard nicht vor Einbruch der Dämmerung erscheinen würde.

Mit den Kaffeetassen in der Hand schlenderten wir nach dem Dinner nach draußen. Es wäre dumm gewesen, in dem dumpfen Eßraum zu hocken, statt die erfrischende Moderluft des Dschungels zu genießen.

Beiläufig bemerkte ich, daß der Köder noch dalag.

Zwei starke Scheinwerfer waren jetzt auf ihn gerichtet. Und hinter diesen künstlichen Monden war es eigentlich schon ziemlich finster. Um genau zu sein, es war schon absolut finster.

Wir traten vor Clifford hin und sprachen: «Mein Lieber, die Dämmerung ist vorbei, die Nacht ist da. Wo bleibt der Leopard?»

Flackerte da nicht etwas wie Angst in seinen Augen? Nein, doch wohl nicht, denn seine Stimme hatte einen festen Klang, als er sagte: «Leute, beruhigt euch doch. Kann man einem Leoparden befehlen, auf die Minute genau zu erscheinen? Kann man dem König des Dschungels befehlen: Du erscheinst pünktlich um sieben Uhr dreißig? Würdet ihr vor so einem Tier, einem solchen Jammerlappen, die geringste Achtung haben?»

Er hatte natürlich recht. In unserer Aufregung hatten wir nicht bedacht, mit wem wir es hier zu tun hatten. Eben nicht mit einem degenerierten Schoßhündchen, dem man befehlen konnte: Komm her! Gib Pfötchen! Setz dich, Platz!

Beschämt zogen wir uns an den Kamin zurück, in dem gemütlich die Scheite prasselten. Feierlich schworen wir uns, jegliche kleinmütigen Zweifel sein zu lassen.

Clifford, der bei den Neckermanns saß, zwinkerte uns zu. Dieser schelmische Blick besagte eindeutig: Euch, als den einzig intelligenten Menschen in diesem Touristenhaufen, brauche ich nichts weiter zu sagen.

Wir plauderten über dies und das und dachten kaum mehr an den Leoparden. Außer unentwegt. Die Zeit verging wie im Flug. Hin und wieder blickte der eine oder andere von uns rein zufällig auf die Uhr. Auf die Art wurde es halb elf, dann fünf vor elf, dann elf Uhr.

Es war elf, und weit und breit noch kein Leopard!

Die beiden Männer erhoben sich. Joachim hielt seine schwere Kamera umklammert. Mein Mann ballte die stählernen Fäuste. So traten sie vor Clifford hin.

«Wann kommt er? Und jetzt keine billigen Ausreden mehr!»

«Aber, aber, meine lieben Freunde!» beschwichtigte Clifford, während er versuchte, hinter einem Neckermannschen Bauch in Deckung zu gehen. «Legt euch doch schlafen. Ich werde euch wecken, sobald er da ist. In letzter Zeit kommt er selten vor Mitternacht.»

Es war traurig, die Verwandlung dieses Mannes mitanzusehen. Hatte Clifford bis dahin das Urbild des tatkräftigen, allen Schwierigkeiten gewachsenen Engländers repräsentiert, eine Säule des Empire, felsenfest stehengeblieben, nachdem dieses rund um sie zerbröckelt war, so glich er jetzt mit seinem roten Schnauzbart eher einem in die Enge getriebenen Seehund.

«Na schön. Mitternacht! Wir warten!» Mein Mann entballte seine Fäuste, vorerst.

«Geht schlafen, Leute, so geht doch schlafen!» jammerte Clifford. «Ich werde euch wecken, sobald er sich zeigt. Spätestens um Mitternacht. Heiliges Ehrenwort.»

«Ihre Ehre kann uns gestohlen bleiben, mein Herr!» sprachen wir und kehrten an den Kamin zurück, vor dem wir uns für eine lange Nachtwache einrichteten.

Die Neckermanns hatten sich in ihre Betten verkrümelt. Clifford hockte in einer Ecke, sein Gewehr umklammernd. Von Zeit zu Zeit murmelte er matt: «Gehen Sie doch schlafen, meine Herrschaften. Ich verspreche Ihnen, ich wecke Sie . . .»

Er sprach zu tauben Ohren.

Um Mitternacht erhob sich Frau Dr. Schultz mit krachenden Knochen. Sie ächzte: «Ich kann nicht mehr. Ich muß ins Bett. Weckt mich, wenn er kommt. Legt euch ein Handtuch aufs Kopfkissen, die sind nicht sauber. Will einer ein Reinigungstüchlein?»

Nur Joachim nahm eines. Er wischte sich damit über die müde Stirn.

Eine Stunde später lag der Köder immer noch unberührt im Schein der zwei weißen Monde. Mein Mann schwankte. Er mußte sich am Geländer festhalten. «Ich muß ins Bett. Ich kann nicht mehr.»

«Warum?» fragte ich kühl.

«Keine Ahnung. Vielleicht weil ich seit drei Tagen nicht mehr richtig geschlafen habe und tausend Kilometer gefahren bin.»

Ich hoffte, mein noch kühleres «Na und?» gab ihm zu verstehen, was ich von Männern hielt, die aussahen wie Kleiderschränke und dann nicht die geringsten Strapazen aushielten.

Auch Joachim war nicht mehr der allerfrischeste. Genaugenommen lag er bereits auf dem Boden und schlief. Wir legten ihm seine geliebte Kamera auf den Bauch und deckten ihn zu.

«Keine Sorge, ich wecke euch, sobald er da ist», hörten wir ihn hinter uns hermurmeln.

Mein Mann, der Schwächling, fiel ins Bett und schlief schon, bevor sein Kopf das feuchtkalte Kissen berührt hatte.

Soviel zum starken Geschlecht. Ich jedenfalls hatte nicht vor, einzuschlafen und den Leopard zu verpassen. O nein, nicht ich. Ich würde mir den Leopard auf keinen Fall entgehen lassen, auf gar keinen Fall . . .

Lautes Klopfen riß mich aus todesähnlichem Schlaf und allsogleich aus dem Bett. Vor Aufregung schlotternd rüttelte ich meinen Gefährten wach. «Wach auf! Er ist da! Hörst du, er ist da!»

«Mir egal», murmelte der, sich umdrehend. «Er soll mir den Buckel runterrutschen. Laß mich schlafen . . .»

Na schön, dann eben nicht. Wozu fuhren Leute wie er überhaupt nach Afrika?

Mit einem Satz war ich draußen auf der Veranda. Wo? Wo ist er? Er, der König des Dschungels. O du meine Güte, das war das wahre Abenteuer. Hier, nur hier, im Herzen des Schwarzen Kontinents, umweht vom heißen Atem eines geheimnisträchtigen Urwalds, spürte man noch mit allen Fasern, daß man lebte.

Die beiden weißen Monde leuchteten. Lautlos hatte er sich angeschlichen, er, der König des Dschungels, Abkömmling scheuer Steinzeitkatzen . . .

Neben mir flüsterte Clifford, dieser gute Mann, der so getreulich wachte: «Dort, sehen Sie! Es trinkt.»

Es trank, jawohl.

Mein Leopard, der dort trank, hatte einen Körper wie eine Tonne, stand auf vier kurzen, stämmigen Beinen und hatte ein Horn auf der Nase.

Ich war bloß zu müde, Clifford mit meiner Kamera zu erschlagen.

Ich taumelte zurück in die feuchte Umklammerung der Bettlaken, fiel in todesähnlichen Schlaf, schlief fünf Minuten oder so bis zum nächsten Klopfen und kroch erneut auf die Veranda, gerade noch rechtzeitig, um das Hinterteil und das neckisch hin und her pendelnde Schwänzchen eines Elefanten in der Dunkelheit jenseits der beiden weißen Scheinwerfermonde verschwinden zu sehen.

Als wir uns am nächsten Morgen nach dem Frühstück kühl von Clifford verabschiedeten, sagte er leise, sich dabei verstohlen nach den Neckermanns umblickend: «Ihnen kann ich es ja sagen: Er kommt schon eine Weile nicht mehr.»

Wir nickten. Etwas Ähnliches hatten wir uns bereits gedacht.

«Irgend so ein Idiot hat auf ihn geschossen. Seither kommt er nicht mehr.» Eine Träne saß in den Falten seines Augenwinkels. «Können Sie sich vorstellen, was das für mich heißt? Ständig diese Lügen ... dieser Verdruß ... Es macht mich fix und fertig.»

O ja, wir konnten uns das lebhaft vorstellen. Die Männer klopften ihm mitfühlend auf die Schulter. Frau Dr. Schultz bot ihm ein Reinigungstüchlein an.

Armer Teufel.

Armes, bedauernswertes Opfer jener billigen Sensationsgier, die das Touristenpack wie die Geier auf einen kümmerlichen Leoparden lauern läßt.

Man brauchte sich nur die Neckermanns anzuschauen. Scheußlich, wie die sich aufführten. Als hätte man ihnen die Häuser angezündet. Und das alles nur deshalb, weil sie noch nie einen Leoparden zu sehen gekriegt hatten.

Mein Gott, was war so ein Leopard schon Besonderes? Nichts als eine etwas größere Katze mit Flecken.

Die sollten sich ein Beispiel an mir nehmen. Ich nahm dieses kleine Mißgeschick vollkommen gelassen hin, ruhig saß ich da, die Hände im Schoß gefaltet, meinen Blick verinnerlicht auf die grüne Blätterwand vor mir gerichtet.

Jene Blätterwand, wo ich in Gedanken den schießwütigen Idioten, der mir meinen Leoparden verscheucht hatte, am höchsten Affenbrotbaum aufhängte.

Und weil ich schon einmal dabei war, legte ich auch gleich noch Clifford und seinen betrügerischen Bossen und Jomo Kenyatta, der seinen Untertanen derlei Gaunereien gestattete, die Schlinge um den Hals.

Im Faß über den Niagara

Eben kam mir die erschreckende Erkenntnis: Mein Gott, du bist doch tatsächlich alt genug, um jene prähistorische Zeit noch überlebt zu haben, als ein Badeurlaub an der Adria genügte, um deine Bekannten neidisch zu machen.

Wer sich heute noch getraut, Orte wie Jesolo oder Lignano im Zusammenhang mit «Urlaub» in den Mund zu nehmen, muß schon so naiv sein wie Emma. Aber sogar sie begriff ihren Fauxpas, als sie unser mitleidiges Lächeln bemerkte, und setzte schnell hinzu: «Ach, wißt ihr, wir wollten einfach wieder einmal den Ort aufsuchen, wo wir uns zum erstenmal geküßt haben...»

Wenn man heute in einer Gruppe von zwölf Leuten Samoa erwähnt, waren neun schon dort und die restlichen drei nur deshalb nicht, weil sie finden, daß Tahiti mehr zu bieten hat. Einer hat es auf Rollschuhen durchquert, zwei besitzen dort ein Ferienhaus.

Auf der Party, die meine Freundin Flo für einen Bekannten gab, um dessen glückliche Heimkehr von einer Weltreise zu feiern, hatte meine Erwähnung, daß ich seinerzeit mit meinen Kindern eine Fahrradtour durch Schottland gemacht hätte, nur ein gelangweiltes «Ach, tatsächlich?» zur Folge.

In dem verzweifelten Bemühen, doch noch mit etwas Bemerkenswertem aufwarten zu können, fuhr ich fort: «In Edinburgh habe ich die Königinmutter aus einem Geschäft kommen sehen. Sie war keine zehn Meter weg und trug ein reizendes himmelblaues Ensemble, mit Schuhen und Hut in derselben Farbe.»

«Aus welchem Geschäft?» fragte der Weltreisende gelangweilt.

Ich dachte nach. «In der Auslage lag ein Dudelsack.»

«Na, wunderbar», sagte der Weltreisende. Später hörte ich ihn Flo fragen: «Wo hast du denn die komische Nudel aufgetrieben?»

Er hatte recht.

Das einzige, was zwei Sätze über das Thema gerechtfertigt hätte, wäre gewesen, wenn ich die Königinmutter aus einem Pornoladen hätte kommen sehen, mit einem verdächtigen Päckchen in der Hand, und das nicht in Edinburgh, sondern zumindest in Arusha, wo ich Proviant für die Besteigung des Kilimandscharo eingekauft hatte, auf dem ich dann Reinhold Messner traf, der dort vor seinem Fußmarsch durch die Sahara ein kurzes Training absolvierte.

Ein lebensbedrohendes Lungenödem wäre ein weiterer kleiner Bonus gewesen.

In dieser Hinsicht ist man auch schon ganz schön anspruchsvoll geworden. In der guten alten Zeit genügte die Erwähnung eines Kreislaufkollapses für einen Erfahrungsaustausch von zwei Stunden. Heute folgt darauf unweigerlich die knappe Frage: «Wo?»

War es nicht zumindest in der Serengeti, erspar dir die Antwort.

Sogar in unserer bescheidenen Damenrunde im Hinterzimmer der «Reblaus» kriegten wir zwei Diarrhöen (Marokko, Mexiko), eine Hepatitis (Osttürkei), sowie eine Viruserkrankung unbekannter Art (unbekannt! – wer's glaubt, wird selig) aus Thailand zusammen. Meinen Affenbiß (Kenia) ließ man gerade noch gelten, obwohl er von keinem Berggorilla stammte.

Alle hatten wir das eine oder andere diesbezügliche Andenken von unseren Reisen mitgebracht, bis auf Minna, das stupide Geschöpf.

«Du willst sagen, du hast im Urlaub nichts abgekriegt?»

Sie schüttelte den Kopf.

«Ah, ich verstehe, du warst vermutlich auf einer dieser langweiligen Bio-Schönheitsfarmen?»

Wieder schüttelte sie den Kopf.

Mein Gott, wo war die? In einer Familienpension in Pfaffenhausen, hinter den sieben Bergen, bei den sieben Zwergen?

Obwohl – für eine junge, verwöhnte Person wie Schneewittchen war das eine ganz ordentliche Leistung. Sie bräuchte sich nicht zu schämen, davon in der Saunarunde zu erzählen: Der Anmarsch zu Fuß durch gebirgiges, unbekanntes Gelände, eine stramme sportliche Leistung. Und außerdem hat sie sich doch tatsächlich während einer Schlafkur einen Mann geangelt, der sie nicht nur liebte, sondern der auch noch jung, reich und schön war und von altem Adel. Und der sie durch baldige Heirat der Notwendigkeit enthob, sich mit den Behörden um eine Aufenthaltsgenehmigung herumzustreiten. Aber was das allerbeste daran war: Sie wußte, warum sie sich auf diese Reise begeben hatte.

Das ist es nämlich, woran der moderne Tourismus krankt: Die Leute wissen in der Regel gar nicht, wozu sie sich den mannigfaltigen Gefahren aussetzen, die Reisen in exotische Gegenden mit sich bringen.

Die Reisenden früherer Zeiten wußten es genau: Der Forscher fuhr in die Fremde, um zu forschen, der Händler, um zu handeln, der Missionar, um Heiden zu bekehren, und der Schriftsteller, um ein paar Spesenrechnungen zu ergattern, die er von der Steuer absetzen konnte. Wer keine plausiblen Gründe hatte, fuhr ganz einfach in die Sommerfrische.

Selbstverständlich haben gewitzte Reiseprofis dieses Manko längst erkannt und bemühen sich nach Kräften und mit Hilfe vieler munterer Animateure, der Sinnlosigkeit ein Ende zu bereiten beziehungsweise den Urlauber davon abzulenken, über die Sinnlosigkeit seines Tuns nachzudenken, indem sie ihn immerfort in Bewegung halten – über den Fitneßparcours jagen, ihn auf ein Surfbrett stellen, Volkstänze lernen lassen und dergleichen mehr.

Aktivurlaub, das ist das moderne Zauberwort.

Die gesamte Touristenindustrie hat sich mit ihrem vollen Gewicht daraufgeworfen. Das Opfer – der Tourist – kann darunter nur noch zappeln und nach Luft schnappen.

Was ganz in Ordnung ist. Hauptsache, er tut was.

Wünschenswerterweise sollte Aktivität mit Abenteuer verbunden werden und das möglichst weit weg. Wenn angeln, dann Merlane vor Mauritius. Wenn wandern, rund um den Annapurna. Und wenn schon zum Niagara, dann munter die Fälle runter im Nirostastahlfaß mit dem Antibeschlagpanoramafenster. Die Niagara

Travel Association – kurz NTA genannt – organisiert das bestens. Ihr Motto: *Come to Niagara and have some fun.*

Dabei wird natürlich nichts dem Zufall überlassen. Ein Stab von Ärzten sorgt sich um Sie, macht vor dem Start ein Kardiogramm, mißt Ihren Puls und Ihre Temperatur vorher und nachher. Sollte zwischen Start und Ziel Ihr Herz bedauerlicherweise aufgehört haben zu schlagen, so haben Sie die schöne Gewißheit, daß dies unter ärztlicher Aufsicht geschah.

Wenn immer alles glattginge, wo bliebe da schließlich der Reiz des Abenteuers? Aber keine Sorge, meistens geht es glatt. Zu viele Todesfälle wären schlecht fürs Busineß.

Ein Fotograf dreht von einem Paragleiter aus einen Film, den Sie sich am nächsten Abend anschauen und käuflich erwerben können.

Auf halber Höhe wird Sekt serviert. Bei einem Zuschlag von zweihundert Dollar dürfen Sie das Faß, auf dem Ihr Name und das Datum Ihres Niagarasprungs eingraviert wurden, mitnehmen. Sie können es in Ihrem Freizeitraum im Keller als Bartisch aufstellen. Ihre Freunde, die es noch nicht weiter gebracht haben als bis zu einem bißchen Tauchen auf den Malediven, werden grün vor Neid sein.

Kosten Sie das herrliche Gefühl der Exklusivität aus, solange es möglich ist. Beeilen Sie sich, es ist zu befürchten, daß auch der Sprung im Faß vom Niagara den Weg aller ähnlichen Unternehmungen gehen wird: Heute das Privileg weniger Beneidenswerter und morgen im Programm der Reisebüros, mit verbilligten Arrangements in der toten Saison zwischen Allerheiligen und Weihnachten...

Vor herabfallenden Kokosnüssen wird gewarnt

«Was möchtest du wissen? Wie ich meinen Urlaub verbringen möchte oder wie ich ihn verbringen werde? Wie ich *möchte,* kann ich dir schnell sagen ...» Ein überirdisches Lächeln schwebte auf Hannas Gesicht. «Ich sehe mich in einem lustigen gelben Schlauchboot auf dem blauen Ozean schaukeln, und vom Traumschiff herunter springt dieser junge, charmante Steward, du weißt schon welcher, der mit dem sonnigen Lächeln. Er krault auf mein Boot zu, nimmt mich in die Arme, und dann paddelt er mit mir nach Tahiti.» Sie nahm eine verbogene Stricknadel, öffnete das Backrohr, stach in den Kuchen, betrachtete angeekelt den Knatsch auf der Nadel und schob ihn zurück ins Rohr. «Und wie ich ihn verbringen *werde,* kann ich dir auch schnell sagen: Ich werde wie jedes Jahr neben einem Mann, der unter der Zeitung schnarcht, am Strand von Bibione liegen und zusehen, wie meine Beine anschwellen ... Schreib einmal darüber – über die Illusionen und wie es wirklich ist im Urlaub.»

Hiermit tue ich ihr den Gefallen. Allerdings kann ich das Thema nur am Rande streifen. Wollte ich ihrem Wunsch in vollem Umfang entsprechen, würde ein zehnbändiges Werk entstehen.

Diesmal kaufe ich keinen Andenkenkram, nur Nützliches. Warum fünftausend Lire für den Turm von Pisa aus rosa Gips vergeuden, wenn ich hunderttausend für ein Paar Schuhe anlegen kann, die nützlich und brauchbar sind und die in jeder Minute, die ich sie trage, meine Zehen mehr und mehr zu Mus zerquetschen und mich so an den Turm von Pisa erinnern, in dessen schiefem Schatten ich sie gekauft habe? Und dazu höre ich auch noch alle Engel singen.

Das malerische Bergdorf. Man kommt hin, nach vier Stunden schweißtreibenden Aufstiegs, und dann ist die Kirche mit dem berühmten Flügelaltar geschlossen, und das einzige Gasthaus hat Ruhetag.

Man kennt Australien (Mexiko, Indien ...) bestens aus der Fernsehserie «Schöne weite Welt», und eines Tages fährt man hin: «Wir waren zwei Wochen unterwegs, bevor ich meinen ersten Koalabären sah», beklagte sich eine, die soeben von einer Australienreise heimgekehrt war. «Und das war bloß in einem Zoo. Und ich durfte ihn auch nicht aufheben und an mich drücken, wie man das im Fernsehen immer sieht. Und die vielen Fliegen machten mich verrückt. Ayers Rock war ja ganz nett, aber vorher mußten wir tagelang durch die langweiligste Gegend der Welt fahren ...» Auf die Tour gingen ihre Klagen weiter.

Nichts, oder fast nichts, ist ihrer Meinung nach so gewesen, wie sie es im Fernsehen gesehen hat.

Ja, wie denn auch? Was hat sie erwartet? «Hör zu», sagte ich. «Hinter einem solchen Film steckt monatelange harte Arbeit eines ganzen Teams von Profis und vor allem: jede Menge gekonntes Cutting. Wer schon würde sich einen Film über Australien bis zum Ende anschauen, wenn er zwanzig Minuten lang nichts zu sehen kriegt als grauen Salzbusch, rote Erde und gelegentlich eine Kaninchenspur? Zwischen der Abfahrt aus den Opalminen von Cooper Pedy und der Ankunft am Ayers Rock zeigt man zehn Sekunden lang Salzbusch, dazwischen wird eine hüpfende Herde Känguruhs und ein gebärendes Känguruh eingeblendet sowie eine Gruppe von nackten Eingeborenen, die um ein Feuer herum den Fruchtbarkeitstanz aufführen. Dazu gibt es noch jede Menge Kakadus, einen jagenden Dingo und einen Buschbrand. Jene Szene, als der Hauptdarsteller zum viertenmal eine Fliege in den Hals kriegt und daraufhin den längst fälligen Tobsuchtsanfall, haben sie herausgeschnitten und für ein Lustspiel aufgehoben. Willst du noch ein paar Beispiele hören?»

Sie sagte «nein» und war so verdrossen wie vorher.

Der Grund ihrer Enttäuschung lag natürlich sehr viel tiefer: Ihre Sitznachbarin auf der dreiwöchigen Busreise war eine siebzigjährige pensionierte Lehrerin mit einer chronischen Verkühlung und nicht dieser drahtige Bursche mit dem verwegenen Blitzen in den eisblauen Augen, den im Film die Reporterin neben sich sitzen hatte.

Man liegt im weißen Sand unter Palmen am Meer und fühlt sich wie im Paradies. «Na schön, leg dich nur hin, in den Sand, unter die Palmen ...» Jenes zimperliche Geschöpf, das in mir haust und das ich hasse wie die Pest, lacht gehässig auf. «Aber ich kann dir sagen, wie es wirklich ist: Der Sand ist zu heiß und der Wind zu kalt, neben dir hat sich eine Familie mit fünf Kindern niedergelassen, die Fliegen lassen dir keine Ruhe, dein Körper kriegt braune Streifen wie eine Jalousie, Ameisen machen sich über dich her, du bekommst Kopfweh von der Sonne und machst dir Sorgen wegen Hautkrebs... Willst du sonst noch was hören?»

«Nur zu, Süße», sage ich, «mach ruhig weiter, wenn du so schön in Fahrt bist!»

«Gut. Schau nach oben. Was siehst du dort oben, auf deiner famosen Palme?»

«Kokosnüsse?»

«Richtig, Herzchen, Kokosnüsse. Jede einzelne fünf Kilo schwer. Kannst du dir vorstellen, wie das ist, wenn sie aus dreißig Meter Höhe auf deinen Kopf fällt?»

Ich konnte es mir denken und schlug den Katalog mit den Traumreisen in die Karibik mit einem Knall zu.

Diese Zimperliese macht mich fix und fertig. Vermutlich war sie ja schon immer da, mit ihrer Schwarzseherei und ihrem ewigen Gejammer. Aber seit ich anfange, auf sie zu hören, kommt mir immer öfter der Gedanke, ob es nicht an der Zeit wäre, die anstrengende Herumreiserei aufzugeben und mich statt dessen zur Kur nach Abano zu begeben.

Wie gratis sind Gratiswerbefahrten wirklich? Das ist ein Kapitel für sich...

Alles gratis!

Wir hockten eingezwängt in der Masse neu angekommener Urlauber, unsere Finger um einen klebrigen Pappbecher geklammert, und hörten zu, was die Reiseleiterin zu sagen hatte.

«Hast du gehört, was sie gesagt hat?» fragte Alex in gedämpftem Ton.

«Ja. Sie hat uns vor den Werbefahrten gewarnt.»

«Sie hat gesagt, die sind gratis.»

Ich seufzte. «Du bist vielleicht naiv. Als ob wer was zu verschenken hätte. Irgendwie bezahlt man schon dafür. Sie hat uns eindringlich davor gewarnt.»

«Nur, weil sie will, daß man *ihre* Ausflüge mitmacht, für die sie Prozente kassiert.»

Ich sah ihm über dem Pappbecher mit dem roten Giftzeug, das schmeckte, als wäre es eine Probe aus einem Chemielabor, fest ins Auge. «Keine Werbefahrten! Basta!»

Seltsam. Seit das Wort Werbefahrt zum erstenmal gefallen ist, höre ich es jetzt ständig:

Als wir uns an der Menge vorbeischoben, die die Reiseleiterin umlagerte, um eine Rundreise durch Gran Canaria zu buchen – mindestens zwei Personen –, sagte die Frau neben mir leise: «Dasselbe sehen Sie auf einer Werbefahrt gratis. Und dazu gibt es noch Geschenke. Es gibt sie jeden Tag. Außer Samstag.»

Während wir auf den Gratisbus warteten, der uns zum Strand brachte, redeten die anderen davon. Jeder hatte, so wie es aussah, schon ein paar mitgemacht.

Ich muß gestehen, mein Panzer bekam die ersten feinen Risse. Diese Leute sahen nicht so aus, als wäre ihnen Schlimmes widerfahren. Vorsichtige Peilungen ergaben: auch wenn man nichts bestellte, wurde man nicht in den Bergen ausgesetzt oder auf einen Kaktus gespießt.

Man fuhr mit, bestellte oder bestellte nicht, sah kostenlos die Insel und bekam auch noch Geschenke, ganz abgesehen von Kamelritten oder der kostenlosen Besichtigung eines Krokodilparks. Bei manchen gab es sogar ein Gratismittagessen.

Als das Wort Gratismittagessen fiel, wußte ich, ich war geliefert.

«Und wie», erkundigte ich mich vorsichtig, «erfährt man, wer wann wohin fährt?»

«Und auf welcher Fahrt man das Gratismittagessen kriegt», sagte Alex.

Ich trat ihm auf den Fuß.

Man sah uns seltsam an. «Wie? Aus den deutschen Zeitungen natürlich.»

«Und wo kriegt man die?»

Jetzt fing man an, von uns abzurücken. Als hätten wir eine ansteckende Krankheit.

«Wo? Überall doch.»

Alex zog mich zur Seite. «Siehst du, das kommt davon, daß du auf der Straße nie etwas annehmen willst.

Das ist eben doch kein Reklamemist, sondern Zeitungen mit nützlichen Informationen. Gratis.»

Auf unserem nächsten Einkaufsbummel durch Playa del Inglés, der uns an zahlreichen Brutstätten der Gratiszeitungsverteiler vorüberführte, stopfte Alex in sein Rucksäckchen, was immer ihm eifrige braune Hände entgegenstreckten.

Es war ein stattlicher Haufen.

Am Abend, im Bett, studierte er jedes Blättchen mit großer Ernsthaftigkeit.

Ich blätterte ein paar davon oberflächlich und ohne großes Interesse durch, erfuhr, daß die spanische Telefongesellschaft in den letzten neun Monaten durch das neuinstallierte Sextelefon 7,5 Milliarden Peseten Mehreinnahmen zu verzeichnen gehabt hatte, und dergleichen Weltbewegendes mehr und wollte schon die Augen schließen, als diese an dem Wort «Gratisfahrt – Bauernmarkt» hängenblieben.

Die Fahrt zu den bekanntesten Bauernmärkten der Insel war verbunden mit einem reichhaltigen Bauernfrühstück auf einer romantischen Finca in den Bergen sowie Gratisgaben in Form von Obstkörben und kanarischem Wein.

Auf den Bauernmarkt fuhr man nur sonntags.

«Ich hoffe, wir kommen noch mit», sagte ich aufgeregt. «Unsere ist die» – ich zählte sie ab – «die achte Haltestelle. Da wird der Bus schon längst voll sein. Überhaupt, wenn sie nur einmal in der Woche fahren ...»

Ich fühlte mich benachteiligt, mit Recht. Warum fing man auf der anderen Seite der Stadt an und nicht hier bei uns? Waren wir die schlechteren Touristen als die da drüben?

Vor dem Einschlafen schworen wir uns feierlich, nichts zu bestellen, komme was da wolle, ein Schwur, den wir am Morgen wiederholten und dann noch einmal, während wir auf den Bus warteten.

Ich hatte starkes Herzklopfen und wußte instinktiv, daß er voll belegt sein würde.

Aber es waren noch sechs Plätze frei.

«Das verstehe ich nicht», murmelte ich, «warum lassen sich die Leute eine solche Gelegenheit entgehen?»

Alex wußte es auch nicht und wunderte sich ebenfalls.

Beim Einsteigen wurden wir von einem jungen Mann mit einer Videokamera gefilmt und dann bei allen lustigen Gelegenheiten wieder, zum Beispiel als wir guten Morgen sagten oder wenn jemand nieste.

Während wir auf einer sehr schmalen Straße mit vielen Haarnadelkurven am Rand tiefer Schluchten unserem Frühstück auf der romantischen Finca entgegenfuhren, wurden wir darüber informiert, daß es nach dem Frühstück eine kurze Information über ein interessantes Produkt geben würde.

«Produkt?» murmelte Alex. «Was redet sie da von einem Produkt?»

Ich erinnerte ihn daran, daß uns diese Fahrt inklusive Frühstück und Geschenken vom Produzenten eines Produktes spendiert wurde, der vermutlich vorhatte, es zu verkaufen.

«Richtig, das habe ich vergessen. Was es wohl ist?»

Die Frau hinter uns beugte sich vor und sagte: «Wollbetten.»

«Danke», sagte ich kühl. Ich hatte sie nicht danach gefragt. Es verminderte die Spannung genauso, als würde einem auf der zwanzigsten Seite jemand sagen, wer der Mörder ist.

«Schwöre: Ich kaufe keine Wollbetten», flüsterte Alex mir zu.

«Sei nicht kindisch. Ich habe nicht die Absicht, etwas zu kaufen.»

«Schwöre!»

Ich tat ihm den Gefallen, damit er Ruhe gab. Lächerlich. Ich bin nicht die Frau, die sich etwas aufschwätzen läßt.

«Bis jetzt ist alles ganz ordentlich», mußte ich zugeben, als wir uns in der Finca an einem der langen Tische niedergelassen hatten, auf denen zum Frühstück gedeckt war.

Auf jedem Teller lag auch ein Scheibchen Schinken.

Gleich nach dem Frühstück begann ein Herr von distinguiertem Aussehen und mit sehr klarer Aussprache mit der angekündigten kurzen Information.

Alle waren mustergültig still.

Dem Mann, der vermutlich schon in der Volksschule den Unterricht gestört hatte und der jetzt geräuschvoll seinen Stuhl zurückschob und aufs WC ging, brachte das finstere Blicke ein.

Als eine Frau hustete, schüttelte man verärgert den Kopf.

Auch ich lauschte gespannt. Besonders, als der Vortragende darauf zu sprechen kam, wie selten die Deutschen ihre Federbetten reinigen ließen. «Es ist beschämend», rief uns die sonore Stimme zu, «sich vorzustellen, daß in deutschen Betten Federbetten liegen, die noch von den Großeltern stammen und nie gereinigt wurden! Man steckt sie alle zwei Wochen in einen frischen Überzug und bildet sich ein, damit hat's sich.»

Auch ich war beschämt, denn auch ich steckte mein Federbett alle zwei Wochen in einen frischen Überzug und bildete mir ein, damit hätte es sich. Und jetzt mußte ich mir anhören, was sich da drin abspielt, in meinem Federbett, was da kreucht und fleucht. Ich sah es in tausendfacher Vergrößerung.

Mir wurde ganz übel.

«Dazu kommt noch die Feuchtigkeit, die der Körper ausschwitzt und die sich in den Federn ansammelt. Und was passiert?»

Ja, was passiert?

«Das Federkissen wird schwer wie ein Stein.»

Auch eins meiner Federkissen war schwer wie ein Stein, was mir bis jetzt in meiner grenzenlosen Ignoranz nur recht gewesen war. Ich verwendete es als Stütze beim Lesen.

Ich war entsetzt, mit Recht.

«Da mußten wir doch tatsächlich erst hierhin zu dieser einsamen Finca in den kanarischen Bergen fahren, um auf die ungeheure Gefahr aufmerksam gemacht zu werden, die unserer Gesundheit im Bett droht!» flüsterte ich. «Ist das nicht erschreckend?»

Ein paar Leute machten «Pst!».

Die Stunde und zehn Minuten, die der Vortrag dauerte, vergingen wie im Flug. Danach setzte sich der Herr an ein kleines Tischchen, mit einem Bestellblock vor sich, und die Leute sprangen von ihren Sesseln auf und rannten nach draußen.

Sie hatten keine Manieren. Zumindest gebot es die Höflichkeit, sich die Wollbetten anzusehen.

Ich tat es, was mich automatisch jenem Tischchen näherbrachte, an dem der arme Mann so ganz allein und traurig vor seinem leeren Bestellblock saß.

Gerade als ich mich vorstellen wollte, rief die Reiseleiterin: «Zeit zur Weiterfahrt, meine Herrschaften!»

«Die haben keine Organisation», murmelte ich, als ich mich neben Alex setzte. «Erst quatscht der Mensch über eine Stunde, und dann bleibt keine Zeit zum Bestellen.»

Er fuhr auf, als hätte er sich auf einen Reißnagel gesetzt. «Was redest du da von Bestellen? Wer wollte was bestellen? Du vielleicht?»

«Aber nein, wo denkst du hin. Ich meinte das rein theoretisch.»

«Das möchte ich auch hoffen! Weil du nicht hier warst, haben wir keinen Obstkorb mehr bekommen», sagte er vorwurfsvoll. «Es waren nicht genügend da.»

«Na und? Willst du zwei mickrigen Bananen und einer sauren Orange nachweinen?» Lächerlich. Auf dem Bauernmarkt in San Mateo, zu dem wir jetzt unterwegs waren, würden wir Obst in rauhen Mengen kriegen.

Bevor wir stehenblieben, machte uns die Reiseleiterin darauf aufmerksam, daß es hier nicht nur Obst und Gemüse gab, sondern in einer weiteren Halle Lederwaren, vor allem Schuhe zu günstigen Preisen. Sie gab uns eine halbe Stunde Zeit, vielleicht etwas knapp bemessen angesichts der günstigen Einkaufsmöglichkeiten. Dafür jedoch würde uns für den Markt von Teror, der um vieles malerischer sei, mehr Zeit bleiben.

Es war ein Glück, eine so umsichtige Reiseleiterin zu haben.

Sie bat uns, auf alle Fälle pünktlich zurückzusein.

Beim Aussteigen wurden wir gefilmt.

«Wenn du Schuhe kaufen willst, müssen wir uns trennen. Ich kaufe inzwischen das Obst», sagte ich.

Wir hasteten auf die Markthallen zu.

Alex klammerte sich an meiner Hand fest, der Feigling. «Gehen wir doch zusammen . . .»

Ich riß mich los. «Wenn du deine Schuhe willst, dann renn.»

Wir hatten schon vier Minuten mit sinnlosem Gequatsche vertan. Minuten, die ich wieder aufholen mußte, während ich durch die Gemüsehalle sprintete und an mich riß und in mein Rucksäckchen stopfte, was ich dort ergatterte, wo niemand anstand.

Ich kriegte es voll. Eine gute Leistung für die kurze Zeit. Auch Alex war mehr als zufrieden mit seinen drei Paar Schuhen.

Wir waren die einzigen, die eingekauft hatten.

Wozu fuhren diese Leute mit? Sie kauften keine Wollbetten. Sie kauften keine Schuhe. Sie kauften kein Obst.

Beim Einsteigen wurden wir gefilmt und dann noch einmal, als wir unsere Einkäufe in die Ablage zu stopfen versuchten . . .

Wie versprochen, hatten wir für den Bauernmarkt in Teror mehr Zeit – eine volle Dreiviertelstunde.

Die am Boden ausgebreiteten Lederwaren und die Afrikanerinnen in ihren wallenden Gewändern waren in der Tat sehr malerisch.

Ich hätte gern eine fotografiert, aber sie wollte sich nur zur Verfügung stellen, wenn wir auch was kauften. Ich hätte gern etwas gekauft, egal, was, aber dazu fehlte die Zeit.

Die, die wir noch hatten, mußten wir dazu verwenden, etwas Eßbares aufzutreiben. Es war uns schon schlecht vor Hunger.

«Dort – da röstet einer Kastanien!»

Wir sprinteten darauf zu, entrissen ihm die Tüte, drückten ihm Geld in die Hand und verschenkten die Kastanien an ein Kind.

Wir hatten keine Zeit, sie zu schälen.

Es verblieben uns noch 17 Minuten.

«Dort ... in der Bar ...» keuchte Alex im Laufen.

Wir drängten uns rücksichtslos zur Theke vor (noch 14 Minuten), rissen dem Mann dahinter aus der Hand, was er gerade darin hatte, und verschlangen es (noch 10 Minuten). Vor der Toilette stand eine lange Schlange. Auch hier drängte ich mich mit dem Mut der Verzweiflung ungeachtet des empörten Gemurres vor (noch 7 Minuten), danach rannten wir über den Markt dem Ausgang zu, sprangen dabei tollkühn über ausgebreitete Lederwaren und verstörte Afrikanerinnen (noch 2 Minuten), fanden wie durch ein Wunder sofort den richtigen Bus und kamen nur 70 Sekunden zu spät.

Alle anderen saßen schon.

Doch im großen und ganzen waren wir zufrieden. Wir hatten einiges von der Insel gesehen, wenn auch nur vom Fenster aus, wir hatten zwei Bauernmärkte besucht, wenn auch ein wenig zu kurz, und wir hatten sehr viel Obst gekauft, wenn sich die nußgroßen Äpfelchen auch als ungenießbar herausstellten, die Kakifrüchte nie weich genug wurden, um sie essen zu können, und die Papayas keine schwarzen Kerne hatten und wie Löschpapier schmeckten.

Aber das waren Nebensächlichkeiten.

Die Hauptsache war: Wir hatten eine Gratisfahrt gemacht. Und was noch viel wichtiger war: Wir hatten nichts bestellt.

«Wenn wir jeden zweiten Tag eine ansetzen», sagte Alex am Abend im Bett, «kriegen wir sie alle durch.»

«Wir sollten die Sache methodisch angehen», sagte ich und griff nach Kuli und Papier.

Solche mit nichts als einem Gratisfrühstück schieden wir sofort aus. Ebenso die mit den dubiosen Überraschungsgeschenken. Wir hielten uns an konkrete Angebote wie Videokassetten, Uhren und echte kanarische Handarbeiten in Form von Spitzendeckchen.

Alex malte eine Tafel mit den Worten «Nur mit Gratismittagessen».

«Ich schlage vor, wir machen übermorgen die Palmenfahrt», sagte ich nach Beendigung meiner Liste.

«Ist das die mit dem Gratismittagessen?»

«Was ist dir lieber, du Vielfraß, eine Gratisportion knorpeliger Fleischbrocken mit einem wäßrigen Knödel aus der Dose oder phantastische Extras wie diese: ein Kamelritt durch eine Oase, Besichtigung eines Guanchenfriedhofs, exotischer Bauchtanz aus Tausendundeiner Nacht, eine Uhr, eine Flasche Wein und ein reichhaltiges Frühstück in einem echten Nomadenzelt?»

«Das Mittagessen.»

Es war also alles klar. Wir entschieden uns demokratisch für die Palmenfahrt mit den vielen Extras und priesen uns glücklich, als noch zwei Plätze in dem vollklimatisierten Eiskasten auf Rädern für uns frei waren.

«Ich bin bloß gespannt, für welches Produkt sie diesmal werben», sagte ich und zog mir den Jackenzipfel über die blau gefrorenen Knie. Meine Intuition sagte mir, daß es elektrische Fensterputzer sein würden.

Die Frau hinter uns beugte sich vor und sagte: «Wollbetten.»

Ich hätte sie ermorden können. Alle Spannung war weg. Was blieb, war die Frage: Wie entkomme ich einem neuerlichen Vortrag über die Schädlichkeit alter Daunendecken und deren scheußliche Mitbewohner?

Das echte Nomadenzelt erhob sich vor einem sehr blauen Himmel hinter Palmen und rosafarbenen, orientalischen Mauern. Ich pirschte mich an die Reiseleiterin heran und fragte sehr leise: «Muß man sich die Information auch dann anhören, wenn man vorher schon etwas bestellt?»

Sie maß mich aus eiskalten, eisblauen Augen. «Da das Anhören einer kurzen Information über ein Produkt, das Ihnen diese herrliche Fahrt samt allen Extras ermöglicht, das einzige ist, um das Sie gebeten werden, darf man doch wohl annehmen, daß Sie die paar Minuten Aufmerksamkeit und Zeit dafür erübrigen können», sagte sie sehr kühl.

Nun denn, so sei's denn, wenn es sein muß ...

Aber eine dunkelhäutige junge Frau, allem Anschein nach eine Zigeunerin, die mit einem kleinen Kind an der Hand in der Nähe des Tors herumlungerte, und die Worte der Reiseleiterin: «Müttern mit kleinen Kindern steht während der Information ein hübscher Spielplatz zur Verfügung» brachten mich auf die Idee, daß es eventuell nicht sein mußte.

Ich verhandelte kurz mit der jungen Frau, nahm nach dem Austausch einiger Scheine die Kleine an der Hand und trabte mit ihr zum Spielplatz.

Dort wartete bereits die Reiseleiterin.

«Hat sich dieses verdammte Zigeunerweib schon wieder hier eingeschlichen!» Damit entriß sie mir das Kind und bedachte mich mit einem – begreiflicherweise – bösen Blick.

Geknickt schlich ich zur Toilette, verblieb dort lange Zeit, aber doch wohl nicht lange genug, denn meine Gefängniswärterin erwartete mich vor dem Eingang und schleppte mich ins Zelt.

Man hockte schon um niedrige Tische beim Frühstück. Ich sah mit einem Blick, daß diesmal das Scheibchen Schinken fehlte.

Auch Alex fehlte.

Allerdings nur so lange, bis die Zeltklappe zurückgeschlagen und er herein ins Dämmerlicht geschubst wurde.

«Kein Glück gehabt?» Ich konnte mir ein hämisches Lächeln nicht verkneifen. «Womit hast du es versucht?»

«Mit einem Herzanfall», murmelte er.

«Und?»

«Keine Chance. Das sind Vollprofis. Sie machten ein Kardiogramm ... Wo ist der Schinken?»

Der Vortragende begann seinen Vortrag mit dem Versprechen, sich kurz zu fassen, wofür ich ihm nicht genug danken konnte. Aber er hielt sich leider nicht daran. Durch den Spalt in der Zeltklappentür drang ein Sonnenstrahl, der mich schmerzlich daran erinnerte, daß ich all diesen herrlichen Sonnenschein verschwendete, um mir ein Geschwätz anzuhören, von dem ich jedes Wort kannte.

Wie hielten die anderen Opfer, die ihre Pflicht, stillzusitzen und zuzuhören, mit großer Gelassenheit erfüllten, das aus? Meine Hände zitterten, meine Knie zitterten, meine Nerven zitterten.

Ich erinnerte mich daran, daß auf Bali ein Schattenspiel neun Stunden dauern kann. Vergeblich.

«Wie hältst du das aus?» flüsterte ich dem Mann an meiner Seite zu, der stoisch wie ein Schaf im Regen auf seinem Schemel hockte.

«Ganz einfach», flüsterte er zurück. «Ich denke an nichts.»

Ich versuchte ebenfalls mit aller Gewalt, an nichts zu denken, aber das ist schier unmöglich, wenn man ständig daran denken muß, welche Wohltat es wäre, die Finger um jene Kehle zu krallen, aus der all diese Worte quollen, ohne Unterlaß und ohne Ende.

Er sprach zwei Stunden und elf Minuten lang. Niemand bestellte etwas, abgesehen von einer einzigen Frau, die wirkte, als wäre sie im Koma, und die, als er ihr den Kugelschreiber in die Hand drückte, murmelte: «Wenn ich hier unterschreibe, darf ich dann gehen?»

Die Sonne stand schon hoch am Himmel, als wir in ein anderes, ebenfalls sehr schummriges Zelt getrieben wurden, wo wir das Mittagessen einnahmen, während Leila sich nach einem eher kümmerlichen Bauchtanz den männlichen Mitgliedern der Palmenfahrt auf den Schoß setzte und die dabei gefilmt wurden.

Als wir die Rundfahrt begannen, glitt die Sonne bereits bedenklich abwärts.

Immerhin wurde das Programm bis hin zum Kamelritt, wenn auch mit ziemlicher Eile, eingehalten. Nur die Besichtigung des Guanchenfriedhofs fiel aus. Und daß der Cruz de Tejeda in Nebel gehüllt war, als wir sie passierten, dafür kann kein Wollbettenerzeuger verantwortlich gemacht werden.

Einen so direkten Draht zum Petrus haben selbst diese Herren nicht.

«Übermorgen machen wir die Tropenfahrt», sagte Alex nach gründlichem Studium meiner Liste. «Das ist die mit dem Gratismittagessen.»

«Na schön. Aber in dem Fall solltest du dich vorsichtshalber erkundigen, wieviel ich für einen Totschlag im Affekt kriege, dich nach einem deutschsprachigen Rechtsanwalt umsehen und den Rückflug stornieren», sagte ich.

Und das war das Ende unseres Versuchs, die schöne Insel Gran Canaria auf Gratisfahrten zu besichtigen.

Alex meinte, das sei jammerschade, aber wenigstens seien wir nicht so blöd gewesen, etwas zu bestellen.

Er fragte, als er zwei Monate später bei mir auf einen Teller Süppchen vorbeikam: «Was ist denn in der Riesenschachtel im Vorraum?»

«Schachtel? In welcher Schachtel?» Mein Hirn arbeitete auf Hochtouren. «Ach, in der Schachtel ... Oh, nichts Besonderes. Nur ... die Kissen für die Sitzgarnitur, die wir vor Mamas Gartenhäuschen aufstellen wollen ...»

Nun ja ...

Seitdem schlafe ich bestens zwischen den lama-alpaka-wollenen Kissen von Mamas neuer Gartenhäuschen-Sitzgarnitur.

Bildungsreisen

Mir werden immer wieder umfangreiche Kataloge ins Haus geschickt mit Begleitbriefen, die mich namentlich ansprechen:

«Sehr verehrte Frau Egger! Wir freuen uns sehr, Ihnen unseren neuen Studienreisekatalog überreichen zu dürfen, und wünschen Ihnen viel Freude beim Studium der neuen Reiseziele . . .»

Alle Reiseleiter haben einen Dr. oder zumindest einen Mag. vor ihrem Namen. Einer sogar einen DDr. Prof.

Frauen gibt es nur ein paar darunter, aber die wenigen lassen mich als zusammengeschrumpeltes Etwas zurück. Hier zum Beispiel – Studium der Sinologie, langjähriger Studienaufenthalt in China, fünf Sprachen, darunter Altgriechisch und Chinesisch, Spezialgebiet buddhistische Kunst.

Dabei sieht sie aus, als käme sie gerade erst von der Abiturfeier.

Das, was von mir noch übrig ist, blättert den Katalog durch und stellt sich lebhaft vor, wie die sehr verehrte Frau Egger auf der vierhundertfünften der tausend Stufen der Sonnenpyramide von Teotihuacan zusammenbricht und keucht: «Geht ruhig weiter . . . Laßt mich hier in Ruhe sterben . . .»

Wie sie angesichts der wundervollen Skulpturen im Tempel des Quetzalcoatl ihre wunden Zehen verpflastert ... Wie sie in der geschichtsgeschwängerten Silberstadt Taxco in einer obskuren Kneipe hockt und mit einem doppelten Schnaps den Aufruhr in ihrem Innern zu beruhigen versucht, den der letzte Bohneneintopf verursacht hat, während alle anderen die Kirche San Sebastian y Santa Prisca besichtigen, ein Meisterwerk churrigueresker Architektur, und wie sie schließlich im Schluchtenlabyrinth von Los Mochis auf Nimmerwiedersehen verlorengeht, was keiner ihrer Studienreisekollegen ernstlich zu bedauern scheint.

Und dann klappe ich den Katalog mit einem Seufzer zu und schlage mit dem letzten Quentchen Energie, das mir noch verblieben ist, das Wort Sinologie nach ...

Ich habe jenes Alter erreicht, in welchem man ruhig zu seinen liebenswerten kleinen Schwächen stehen darf, und deshalb gebe ich es unumwunden zu: Besichtigungen absolviere ich heutzutage am liebsten von einem zentral gelegenen Plätzchen aus, im Schatten einer Platane oder gestreiften Markise, vor mir einen Espresso oder auch einen Pastis mit einem Krug Wasser.

Reiseleiterin wurde ich in dem Moment, in dem ich dahinterkam, daß sie die einzige Person ist, die ruhigen Gewissens im Café neben den römischen Ausgrabungen sitzen darf, während sie darauf wartet, daß ihre Gruppe vom örtlichen Führer bis zur völligen Erschöpfung durch die Ruinen getrieben wird. Und dafür wird sie auch noch bezahlt.

Wenn ich etwas nicht ausstehen kann, dann sind es Leute, die ihre Bildung fingerdick aufs Brot streichen.

Wenn so einer damit angibt, daß er einzig und allein deshalb nach Florenz gefahren ist (natürlich war er schon unzählige Male vorher dort), um sich wieder einmal die Bronzetüren des Baptisteriums San Giovanni Battista anzusehen und da besonders die von Ghiberti an der Ostseite, und daß ihm beim Anblick von soviel Schönheit die Gänsehaut über den Rücken gekrochen ist, kriecht die Gänsehaut mir über den Rücken.

«Ich war kürzlich auch in Florenz», sagte ich.

«Ach, tatsächlich?» Sein mitleidiges Lächeln zeigte deutlich, was er von meinem Florenzbesuch hielt. Zweifellos siedelte er meinen geistigen Horizont zwischen dem Ponte Vecchio und dem Café Strozzi an.

Paß auf, Zuckerbübchen, jetzt werde ich dir einen Brocken hinlegen, an dem du eine Weile zu kauen hast. «Diesmal», meinte ich so nebenbei, «habe ich mich eigentlich nur mit der Moderne befaßt.»

Er hob überrascht eine Braue. Da staunst du, was, du blutleeres Bürschchen!

«So im allgemeinen, nehme ich an?»

So, nimmst du an?

«Oder hatten Sie ein bestimmtes Sujet?»

«Allerdings, das hatte ich!» Für wen hält der mich? Für einen Banausen, der sich moderne Kunst einverleibt wie einen Gemüseeintopf? «Kandinsky.»

Ihm fiel der Unterkiefer herunter. Er verabschiedete sich sehr schnell mit einem gemurmelten: «Ach, tatsächlich? Kandinsky... Nun ja, wenn man so etwas mag...»

Worauf du dich verlassen kannst, du überheblicher Bronzetürenbegaffer. Ich mag Kandinsky. Auf alle Fälle sehr viel lieber als die unappetitlichen Blutflecken an der

Wand hinter meinem Bett, die zahlreiche zerquetschte Stechmücken dort hinterlassen hatten und die ich mit vier Kandinskys überdeckte.

Ich hatte die Rolle mit den Drucken in der Besenkammer meiner Mietwohnung in der Via Maffia aufgestöbert, zusammen mit einer hübschen cremefarbenen Bluse mit venezianischen Spitzen, die sträflicherweise als Putzlappen diente und die ich auswusch und heute noch trage.

Von Kandinsky weiß ich, daß er sehr bunt ist und daß ich ihn nie mit Picasso verwechseln werde. Er hat keine Frauen gemalt, die ein Auge auf der Stirn, das zweite auf dem Busen haben. Zumindest war keine solche auf meinen vier Studienobjekten auf der Wand hinter dem Bett.

«Ich glaube», sagte ich zu meinem Bekannten Gerhard M., der mir vorjammerte, er könne seit seiner Scheidung keine nette Frau mehr finden, «du suchst nicht am richtigen Ort.»

«Wo sonst noch? Ich habe es mit Annoncen probiert, bin dem Club der Einsamen Herzen beigetreten, verbringe jeden Urlaub in einem Singleclub und schaue mich unter den trauernden Witwen auf dem Friedhof um.»

«Vergiß alles», sagte ich. «Mach eine Bildungsreise.»

Fünfundvierzig von fünfzig Mitgliedern einer Bildungsreise sind erfahrungsgemäß Frauen. Die fünf männlichen Personen im Bus sind der Chauffeur, der Reiseleiter, ein pensionierter Geschichtsprofessor, der jeden Stein über der Qualität eines unbehauenen Kiesels fotografiert, sowie zwei von ihren Frauen mitgeschleppte Ehemänner. (Wobei die eine den Großteil der Reise damit verbringt, ihren Mann aufzustöbern, der ihr regelmäßig zwischen den Hinkelsteinen verlorengeht, und die andere klug genug ist, den ihren in der Taverne am Eingang der jeweiligen Kulturstätte zu deponieren, wo er friedlich sein Bier trinkt.)

Auf so einer Bildungsreise, sagte ich, ginge es einem an Frauen interessierten Mann so gut wie dem Hecht im Karpfenteich.

«Und?» erkundigte ich mich voller Erwartung, als wir uns wiedertrafen. «Hat's geklappt?»

«Fast. Leider nicht ganz.»

Er mußte zugeben, daß der Fehlschlag seine eigene Schuld war: Er hatte tatsächlich eine reizende Frau im richtigen Alter kennengelernt (sie saß im Bus hinter ihm), noch sehr passabel, nicht unvermögend, und sie hatten sich auch bestens verstanden, bis auf eine bedauerliche Kleinigkeit: Nach der Besichtigung der üblichen sechs Kirchen, zwei Museen, dem Geburtshaus des berühmten Sohnes der Stadt und zwei Gläsern Wein zum Abendessen sei er regelmäßig eingeschlafen.

Sie hat sich einem pensionierten Lateinprofessor zugewendet.

Ich bewundere Leute, die angesichts eines zerbröckelnden Gemäuers, das nirgends höher als ihre Kniescheibe ist, in Begeisterungsstürme ausbrechen.

Es muß an ihrer Phantasie liegen.

Vielleicht auch daran, daß sie nach einer bequemen Busfahrt ausgeruht dort ankommen und all ihre überschüssige Energie auf die Ruinen werfen können.

Ich dagegen verbrauche meine gesamte Energie damit, überhaupt anzukommen. Als ich damals in Mykene eintraf, war ich viel zu erschöpft, um dem berühmten Löwentor jene Aufmerksamkeit zu widmen, die ihm zusteht (ein wenig mochte es auch daran gelegen haben, daß den beiden Löwen die Köpfe fehlten). Aber die Hauptursache war simple Erschöpfung – ich hatte zwei Stunden auf dem Soziussitz eines Mopeds hinter mir, das so schwach auf der Brust war, daß ich bei jeder Steigung abspringen und anschieben mußte.

Der Weg nach Mykene weist etliche Steigungen auf.

Die zahlreichen Kaulquappen, die sich in den Wasserpfützen zwischen den bescheidenen Mäuerchen von Katro Zackos (Kreta) tummelten, waren recht lustig, aber sie fielen doch stark ab gegen den abenteuerlichen Marsch durch das Tal des Todes, das ich größtenteils in hüfthohem Wasser watend durchquert hatte.

Und wen wundert's, daß ich mich nicht so recht darüber aufregen konnte, daß Evans' Reproduktion von Knossos wenig stilgerecht ausgefallen ist, nachdem mir auf der Hinfahrt der junge Mann, der die Tonschüsseln mit Joghurt in die Dörfer ausfuhr, die Tragödie seiner Ehe geschildert und mir die Narbe gezeigt hatte, die der Versuch seiner eifersüchtigen Frau, ihn mit dem Brotmesser zu erstechen, hinterlassen hatte.

Vielleicht habe ich auch schon zu viele dieser ehrwürdigen historischen Stätten gesehen. Ich fange an, sie durcheinanderzubringen. Nicht, daß mir das sehr viel ausmacht.

Wenn ich die herrlichen weißen Säulen eines Griechentempels im Mondlicht schimmern sehe, unter mir die wuchtigen Mauern einer mittelalterlichen Stadt, über deren Dächern die Spitze des Steffls schwebt und die Spanische Rhapsodie in meinen Ohren klingt, schlage ich mich nicht mit kleinlichen Fragen über kleinliche Details herum wie zum Beispiel: Wo bin ich?

Das wird sich spätestens in dem Moment aufklären, wenn ich gezwungen bin, auf dem Scheck, mit dem ich die Hotelrechnung bezahle, den Ort einzutragen.

Dann kann ich immer noch fragen.

Warum bin ich nicht daheim geblieben?

Wir waren seit drei Wochen wieder daheim, und ich hatte einige Mühe, mich zu erinnern, daß wir überhaupt weggewesen waren.

Alex suchte immer noch nach dem achten Päckchen Zigaretten. Er behauptete steif und fest, es wären acht Päckchen gewesen, die er zwischen der Schmutzwäsche versteckt hatte.

Und ich werde den Ketchup-Fleck, den ich auf meiner Kaninchenfelljacke anbrachte, um ihr damit die verdächtige Aura der Neuheit zu nehmen, wohl nie ganz herauskriegen.

«Ich habe dir ja gesagt, du übertreibst», sagte Alex, der mir zusah, wie ich daran herumfummelte. «Kein Mensch hat uns kontrolliert.»

Warum nicht? Obwohl unser Gepäckwagen so hoch beladen war, daß man nur unsere Haarschöpfe sah? Sahen wir aus wie welche, die nichts heimbringen als Schmutzwäsche, ein halbes Dutzend T-Shirts vom Markt und einen Kaktusableger?

Ich hasse es, wenn jemand, der mit mir unterwegs war, mein Fotoalbum durchblättert und bei jedem vierten Bild sagt: «Das gehört nicht hierher», und dann wie ein

Luchs darauf lauert, daß ich es an der richtigen Stelle einklebe. Was weiter keine Komplikationen bereitet, weil auch dort immer ein paar Fotos sind, die woanders hingehören.

Trotzdem zeige ich mein Album gern herum. Ich locke die Opfer mit Kaffee und Kuchen oder auch mit Wein und belegten Brötchen. Eine unangenehme Nebenwirkung ist, daß ich mir dann als Gegenleistung auch ihre Fotos anschauen muß.

Die sind immer sehr langweilig.

«Wer sind die beiden?» fragte ich und tippte auf ein mittelalterliches Pärchen, das neben Eva-Maria auf einer Parkbank unter einer Palme saß, und unterdrückte ein Gähnen.

«Die? Das sind Louis und Jeannette.»

«Louis und Jeannette wer?»

«Keine Ahnung. Etwas, das klang wie Öplökó oder so ähnlich. Sie sprachen nur Französisch.»

«Wir kannten sie nicht», setzte Egon hinzu.

Ich schüttelte die bleierne Müdigkeit ab, die mich befallen hatte, als Eva-Maria das Album aufklappte, und betrachtete die Fotos von ihrer Spanienreise genauer.

«Komisch, die sind doch fast auf jedem Foto drauf. Man könnte meinen, ihr habt euren Urlaub gemeinsam verbracht.»

«Haben wir auch», sagte Egon mit einem Seufzer, «von Barcelona bis Granada waren wir zusammen.»

Dieses Ehepaar, Louis und Jeannette Öplökó oder so ähnlich, hatte sich in Barcelona beim Abendessen an ihren Tisch gesetzt, weil das Lokal sehr voll gewesen war. «Der Kellner», fuhr Eva-Maria fort, «brachte eine Rechnung für uns vier gemeinsam und weigerte sich, getrennt zu verrechnen. Wir hatten größte Mühe, auszurechnen, wer was zu bezahlen hatte, und dann hatten wir nur großes Geld und kannten uns in der Währung nicht aus. Es war eine Qual. Am nächsten Tag passierte dasselbe.»

Von da an, sagte sie, blieben sie zusammen und legten sich eine gemeinsame Kasse zu, der Einfachheit halber.

Es kommt nicht oft vor, daß man auf diese Art Reisegefährten findet. Schon häufiger, daß man welche verliert. Oder sie zumindest nach der Heimkehr in die Kategorie «Leute, mit denen man nicht mehr wegfährt» einreihen muß.

Dabei sind es meist nur Kleinigkeiten, die zu einem solch betrüblichen Ende führen.

Die Kleiderbügel zum Beispiel.

Man öffnet den Schrank, und da baumeln fünf schwindsüchtige Drahtgestelle auf der Stange. Zweieinhalb pro Person.

«Wenn du nichts dagegen hast, nehme ich den dritten», sagte meine Zimmergenossin, die ich bis dahin für eine gute Freundin gehalten hatte, und schob ihn so schnell auf ihre Seite, daß von der Stange Funken aufstoben.

Ich hängte sechs Blusen übereinander. Das Zimmermädchen um weitere Bügel zu bitten, wäre sinnlos gewesen. Das Wort Kleiderbügel verstehen sie in keiner Sprache, auch nicht in ihrer eigenen. Sollte sich eine doch erweichen lassen und welche bringen, wird sie fristlos entlassen.

«Und was machen wir jetzt?» fragte meine sogenannte gute Freundin nach dem Einräumen.

«Ich geh ein bißchen bummeln . . .» murmelte ich. Vor

meinem geistigen Auge war jene große Schachtel aufgestiegen, die ich letztes Jahr vor dem *supermercato* stehen gesehen hatte, voller ausrangierter Kleiderbügel.

Obwohl ich die Betonung ganz deutlich auf das Wort «ich» gelegt hatte, sagte diese menschliche Zecke ungerührt: «Wenn du nichts dagegen hast, komme ich mit.»

Der Versuch, sie unterwegs loszuwerden, schlug fehl. Ebenso vergeblich stellte ich ihr ein Bein, sie strauchelte, fiel jedoch nicht hin, und so kamen wir beide gleichzeitig bei der Schachtel an. Sie rammte mir den Ellbogen in den Magen, tauchte mit einem Triumphgeschrei in die Schachtel und mit einem Kleiderbügel in der Faust wieder auf.

«Tut mir leid für dich, Schätzchen», säuselte das falsche Luder. «Ich fürchte, das war der letzte.»

«Macht nichts, Herzchen, ich gönne ihn dir», sagte ich lächelnd.

Es fehlte der Haken.

Eine, die eben vorüberging, sagte zu mir: «Bei *Upim* gibt es ein Sonderangebot an Faltenröcken.»

Komische Nudel. «Ich mag keine Faltenröcke», sagte ich.

Sie sah sich um und flüsterte mir zu: «Zu jedem Faltenrock gibt's einen Kleiderbügel gratis.»

Ich stieß einen heiseren Schrei aus und rannte los.

Als ich hinkam, waren sie ausverkauft. Aus der Abfalltonne vor dem Eingang hing ein dunkelblauer Rock. Leider ohne Bügel.

Bei unseren Spaziergängen richteten wir unser Augenmerk sehr genau auf jene Stellen, wo die Einheimischen ihren überflüssigen Hausrat wie alte Matratzen und ausrangierte Kühlschränke zu deponieren pflegten.

Aber wir fanden nicht, was wir suchten. Verständlich. Wer wirft schon etwas so Kostbares wie einen Kleiderbügel weg?

Aber dann, am vierten oder fünften Urlaubstag, war uns das Glück hold. Das, was da aus dem Plunder ragte – schwarzes, glänzendes, wunderbares Plastik –, war zweifellos . . . Nie haben mich meine Beine schneller getragen, außer vielleicht damals in Florenz, als ich die Toilette suchte.

Aber das Weibsbild neben mir war noch schneller. Ich hätte sie erwürgen können.

Wir sprachen kein Wort mehr miteinander. Ich setzte mich an einen anderen Tisch. Beim Schlafen drehte ich ihr den Rücken zu.

Wenn ich sie jetzt daheim sehe, gehe ich auf die andere Straßenseite. Möge sie an ihren Kleiderbügeln ersticken.

«Wie war's in Neuseeland?» fragte ich Fräulein Lore, während sie mit flinken Fingern die Dauerwellenwickler aufdrehte.

«Nicht Neuseeland. Neuguinea. Unheimlich interessant . . .»

Sie erzählte mir von ihrem Urlaub, der eigentlich schon eher eine Expedition gewesen ist. Ein echtes Abenteuer. Das einzige, was sie ein wenig gestört hätte, sagte sie, seien die Touristen gewesen.

Sogar, sagte sie, als sie drei Tage lang auf einem moskitoverseuchten Fluß voller Krokodile unter Lebensgefahr durch einen Mangrovensumpf gepaddelt waren und sich danach, unter noch größerer Lebensgefahr, mit Hilfe von Macheten und vielen Stoßgebeten durch den

Dschungel bis zu jenem Bergdorf durchgekämpft hatten, von dem es hieß, daß seine Bewohner noch bis vor fünfzehn Jahren Kannibalen gewesen sind, waren sie dort auf eine Gruppe von australischen Touristen gestoßen, die gerade über den Ankauf von Penisköchern verhandelten.

«Können Sie sich vorstellen, wie einem da zumute ist?»

Ich nickte. Ich konnte.

«Einer der Wilden, nackt bis auf den Kürbis auf seinem Dingsda, Sie wissen, was ich meine», fuhr Fräulein Lore fort, «hat sich gleich auf uns gestürzt und uns auf seinem Taschenrechner vorgerechnet, was die diversen Köcher in DM kosten würden.» Sie seufzte. «Man kann heutzutage hinkommen, wo man will, überall ist man nur ein armseliger Tourist unter vielen anderen armseligen Touristen.» Sie steckte meinen fertig gewickelten Kopf unter eine Plastikhaube. «Sie kommen viel herum. Kennen Sie zufällig einen Ort, wo es einem nicht so geht?»

Wo es einem nicht so geht?

Da ich während der nächsten halben Stunde nichts Besseres zu tun hatte, ließ ich meine Phantasie durch all die fremden Länder wandern, die ich besucht hatte, bis übers weite Meer auf weit entfernte Inseln.

Vergeblich.

Dem Schicksal, ein armseliges Touristlein unter vielen anderen zu sein, entkam man in einer Zeit, in der man schneller von Frankfurt nach London flog, als einen Parkplatz in einer Innenstadt fand, anscheinend nirgends.

Mögen wir auch hinkrabbeln, wo wir wollen – wir mit

unseren stoßsicheren Schalenkoffern, den automatischen Kameras und abwaschbaren Bankomatkarten –, unsere Spuren sind vergänglicher als die eines Einsiedlerkrebsleins, das sein Häuschen durch den Sand schleppt: hier eine unfreiwillig zurückgelassene Brieftasche, dort ein Kätzchen, das man gefüttert und gestreichelt hat... ein paar Leute, mit denen man Adressen austauschte, die man nie benützen wird, das flüchtige Erstaunen des Mannes am Durchleuchtungsapparat im Flughafen darüber, was man mit einem Heizstrahler in Gran Canaria anfängt oder mit Skistöcken in Afrika...

Und plötzlich, schlagartig, fiel es mir ein.

Natürlich, das war's. Wie alle genialen Lösungen von simpler Einfachheit. Vorsichtig drehte ich meinen Kopf unter der Haube in die Richtung, wo Fräulein Lore soeben eine fertige Frisur mit Haarspray besprühte, und winkte sie herbei.

«Ich hab's!» sagte ich aufgeregt.

Sie runzelte diskret die Stirn.

«Sie wissen schon – der Ort, an dem man kein armseliger Tourist ist...»

«Ah, ja! Wußte ich doch, daß Sie so ein Land kennen. Und, wo ist das? Sehr weit weg?»

«Nein», sagte ich. «Ganz nahe.»

«Tatsächlich. Wo?»

«Daheim», sagte ich.

Fräulein Lore sah etwas enttäuscht aus. Natürlich, sie ist noch zu jung, um die Bedeutung des Wortes «daheim» in vollem Umfang zu begreifen: Unter die Dusche gehen, ohne vorher die Hausschuhe auf den Toilettendeckel stellen zu müssen... an kühlen Abenden die zum Kleid passende Jacke zur Hand haben und nicht zweitausend Kilometer weit weg ... nicht um drei Uhr morgens vom besoffenen Zimmernachbarn aus dem Schlaf gerissen werden, oder das simple Glück, den Schrank zu öffnen und dort dreißig Kleiderbügel hängen zu sehen.

«Wenn's daheim so schön ist, warum fahren Sie dann überhaupt weg?» fragte Fräulein Lore in einem Ton, den ich für jemand, der auf mein Trinkgeld wartet, eigentlich ein wenig zu forsch fand.

Das kleine Dummchen. Warum wohl? Doch nur, damit es mir daheim wieder besser gefiel.

Dafür kann man schon das kleine Opfer bringen, den Staub eines Jahres vom Koffer zu wischen und sich an einen Ort zu begeben, wo man beim Aufwachen nicht weiß, auf welcher Bettseite die Wand ist.